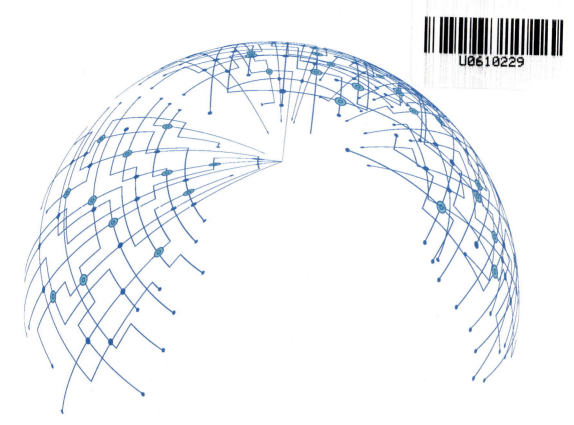

传统企业互联网再生图景

图解互联网十

醒客 著

消费力缔造新商业

中国致公出版社
China Zhigong Press

图书在版编目（CIP）数据

图解互联网＋消费力驱动新商业 ： 传统企业互联网再生图景 / 醒客著． -- 北京 ： 中国致公出版社，2016

ISBN 978-7-5145-0759-1

Ⅰ．①图… Ⅱ．①醒… Ⅲ．①互联网络－应用－企业管理－图解 Ⅳ．① F270.7-64

中国版本图书馆 CIP 数据核字 (2016) 第 029913 号

图解互联网＋消费力驱动新商业

醒客　著

责任编辑：尤　敏

出版发行：　中国致公出版社　China Zhigong Press

地　　址：北京市朝阳区八里庄西里 100 号住邦 2000 商务中心 1 号楼东区 15 层

邮　　编：100025

电　　话：010-66168543（发行部）

经　　销：全国新华书店

印　　刷：北京启航东方印刷有限公司

开　　本：787 毫米 ×1092 毫米　　1/16

印　　张：15.5

版面字数：2908 千字

印　　数：1 ～ 3000

版　　次：2016 年 8 月第 1 版　2016 年 8 月第 1 次印刷

定　　价：198.00 元

传统企业互联网转型

六句箴言

固定资源租赁化

中介服务工具化

串行合作并行化

行业渠道合伙化

终端产品服务化

用户消费社群化

▶ 谨以此书献给向传统宣战的勇士们！

推荐序

互联网转型、连接与互联网 +

近年来，随着信息技术的发展，互联网在改变人们生活的同时，也重塑了社会与组织，并正以前所未有的速度渗透到我国企业。据《中国互联网络发展状况统计报告》显示：在2015年中国企业使用计算机办公的比例达到95.2%；使用互联网的比例为89.0%。特别是在2015年3月5日，国务院总理李克强在全国人大第十二届三次会议政府工作报告中正式提出了制定"互联网 +"行动计划的国家战略后，中国企业运用互联网思维、推动产业的转型升级迫在眉睫。因此，在这样的时代背景下，醒客先生的《图解互联网 +，消费力驱动新商业》一书的出版对中国企业进行互联网转型升级的成功有着非常重要的指导意义。

"互联网 +"的"+"是什么？答案是连接。一些人把"互联网 +"解释成泛互联网，或者一个加强版的互联网，这种含义并不准确，腾讯提出"互联网 +"，不仅仅只是一个概念，而是踏踏实实的产业变革策略。马化腾认为，在这一轮新的商业转型中，"互联网 +"要能够带给传统企业互联网转型的路径，清晰直接的含义会更有动力。

哪为什么是连接？众所周知，工业发展了几百年，正面临信息化的挑战，互联网作为信息化的产物，也正在人群中得到快速普及。从长期的趋势来看，所有企业都将是互联网企业，但是，这不表明传统企业能够直接互联网化，工业的规则跟信息的规则在很多时候是互相冲突的。比如，以生产为例，传统工业的价值靠生产（复制）得到，生产10只杯子的价值是生产1只杯子价值的10倍。互联网颠覆了这个规则，由于高度的数字化、自动化，生产成本几乎可以忽略，按照经济规律，生产（复制）过程也几乎不产生价值，对互联网信息化企业来说，"生产过程不创造价值"，这显然与工业时代大不一样。

既然工业规则与信息规则相冲突，传统企业转型互联网的过程就不会是一个平滑的升级过程。像农业转型工业一样，信息化也要经过一个阵痛期，工业化过程中经历的圈地运动导致农民流离失所就是阵痛，此后，当失地的农民逐步被招入工厂成为生产线上的工人，工业化才逐步建立。认识到信息化是对工业的颠覆，就不难理解互联网与传统企业之间需要"连接"，传统企业互联网化的转型，首先要尊重传统的价值定位，其次要打通与互联网商业模型、产品技术、销售市场的连接，给传统已经建立的商业体系以出路。如果把"互联网 +"看作加强版的互联网，会割裂传统企业既定价值的连续性，违反了商业的路径决定规律。

既然"连接"是传统与互联网最好的相处方式，那为什么还要引入"互联网 +"呢？信息化以通信和社交为核心平台，连接所有的人、资讯和服务，传统企业跟互联网公司不是竞争关系，传统行业跟互联网也不是竞争关系，互联网平台作为连接器，让传统企业的业务能够连接到开放的互联网大环境中。"互联网 +"由"连接"构成新的生态，"互联网 +"是共赢的生态战略。

这种生态战略背后的哲学是讲求利他主义，强调分享、透明及担当。未来世界是从 IT 向 DT 转移。IT 是以自我为思想，利己为主，并且封闭，自己掌握资源，不让别人知道；DT 则是以别人为主，强化别人，支持别人，只有别人成功，你才会成功。在第二届世界互联网大会闭幕式上发表主题演讲时，马云表示，"互联网是一个生态物种，已经把人类变成了一个共同体，你中有我，我中有他"，这需要共荣共存、相互依赖，而成功者必须具有"利他"的思想。

因此，"互联网 +"作为企业转型互联网的路径，是利用连接来实现转变。但是要理解这种转变，务必要搞清楚：互联网信息化靠什么创造价值？答案是创新，是服务。创新就是创造未来；服务就是利他经营。创新不是凭空产生的，服务更不是云雾飘渺。互联网的"连接"不仅仅只是为人与人提供服务，而且还是为企业之间的连接提供平台。当创新、创意成为潮流，当产品逐渐演化成服务，"互联网 +"必将引领企业转型与产业升级。

郑晓明 博士

于2016年4月26日

（清华大学经济管理学院中国工商管理案例中心副主任）

自序

互联网转型、连接与互联网 +

在过去几年，我从一个纯粹的互联网从业者，变成了帮助传统企业家尝试互联网梦想的人。与一般的互联网培训不同，可以用一个小时让传统企业家熟悉互联网的热门概念，也可以用一天时间让企业家对互联网充满期待，但很难让企业家在一个月或者更长时间有所作为。

这是知道与行动的区别，知道是知其然，行动还需要知其所以然。

传统企业互联网转型，说起来只是一个流行的噱头，做起来非常复杂，每一个传统企业都有固有的盈利模式，互联网实际上是一个拆旧立新的过程，立新说来当然很好，拆旧就不一样了，拆旧要放弃既定的利益，许多时候是巨大的利益，看抱别人孩子跳井很豪爽，真要抱自己孩子便舍不得了。

如果把企业互联网转型看成是正在运作项目的转型，结果其实非常悲观，这世界根本没有浴火重生一回事，有的只是死亡、新陈代谢，旧的死了，新的才能起来。那么，是不是企业互联网转型就是一个个老项目推倒重来呢？

也不是，过去帮助传统企业转型的经验表明，有一种可以称为"转"而不是推倒重来的方法，就是用新团队先做出互联网模型，试错之后把老项目连接进来，这避免了直接破坏老项目价值链，又为互联网模型提供了资源。显然，这个方法速度不会太快，且因为资源匹配度的改变，有比较明显的阵痛期，但却是不多的方法之一。

微信开放平台推出后，企业有了新的选择，可以将传统业务通过微信与互联网连接，实现价值链通过互联网的再循环，这与建立互联网模型将老项目资源连接有相似之处，不同的是，通过微信连接的是开放的互联网，老项目可以获得公共互联网资源的支持。

作为帮助传统行业转型的一线实践者，对连接价值的感触非常直接，传统企业互联网转型不是赶老项目的鸭子直接上架，也不是创建超级互联网服务来干掉老业务。而是通过互联网连接的资源重构，创造价值才是核心，连接的意义高于推倒重来。

当然，传统企业转型互联网并不是一一对应的关系，也没有必然成功的可能，需要对时机的把握、还需要一点运气，而那些注定要萎缩或者消失的行业，比如纸质报纸，尽早促进它消亡，将资源转移到互联网业务上，则是另一种新生。

腾讯提出"互联网 +"之后，传统企业转型互联网有了更清晰的表达方式，连接互联网、拥抱互联网是企业面向未来的不二选择。从这个角度看，本书不只是一本解读"互联网 +"概念的书，而是在纷杂的各种互联网 + 概念中，探讨企业行之有效的转型之路。

腾讯倡导的"互联网 +"概念获得广泛认可，信息化的号角已经吹响，传统企业转型互联网的大幕已经拉开，是时候跟传统说再见了。

你好，企业互联网的新时代！

醒客

2016 年 1 月 1 日 星期五 于北京

目　录
contents

第一部分

战略篇

第一章

什么是互联网 +

　　信息时代，企业首先需要实现数字化。但数字化过程一般是企业各自独立完成的，这容易导致企业之间信息的互相连接存在困难，形成人们常说的信息孤岛。互联网 + 是信息连接，是黏合剂，将人员、企业、资源甚至环境都连接到一个开放的互联网上，即实体企业、数字信息通过互联网连接到一起，形成新的生态：互联网 +。

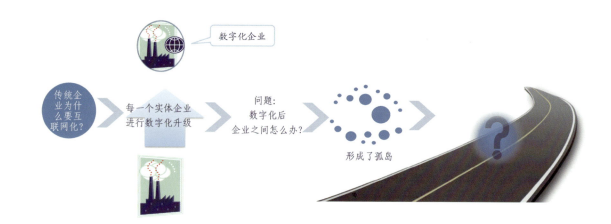

企业的数字化

传统企业为什么要互联网化？

　　互联网化是企业由工业社会向信息社会进化的路径，就像机械化、电气化是农业社会向工业社会进化一样。

　　每一个实体企业首先要进行数字化改造升级，企业生产、办公、采用计算机实现，形成一个个数字化企业。

　　单个企业数字化后，由于采取的技术标准、数据格式、业务梳理方法不同，各数字企业是相互独立的，缺乏有效的交流方式，进而形成了信息孤岛。

　　就像农业社会到工业社会的进化，把每一个村庄都改建成了工厂，但工厂与工厂之间没有修建公路，此时工厂也成了孤岛。

　　孤岛数字企业之间的"公路"就是互联网，互联网将数字企业连到一起才能实现信息化。

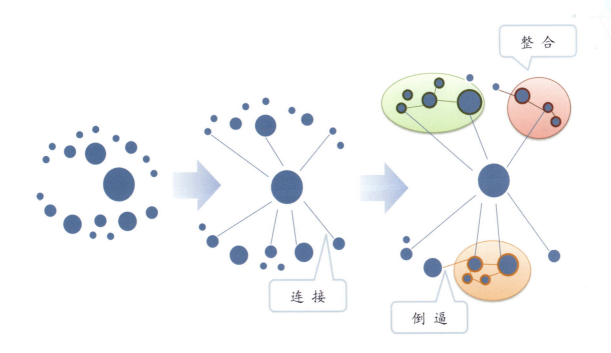

连接打破孤岛

互联网是连接者和整合者

数字企业之间通过互联网连接起来就是信息化企业。

有关联的信息化企业连接到一起，整合成更大的组织。

互联网倒逼

那些没有互联网化的企业，跟这些已经互联网化的企业之间就无法实现良好的联系，形势倒逼每一个实体企业必须互联网化。

互联网正在消灭信息孤岛，将企业、个人都连接到一个统一的互联网上，掀起一场全球信息化的浪潮。

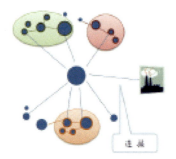

下一步怎么办?

"互联网 +" 是连接

各行各业采用互联网

各行各业连接到互联网

不仅仅信息化的企业之间需要连接,企业信息化部分与企业传统业务之间也要连接,才能把企业的实体业务融入到互联网连接的信息化大环境中。

工厂连接到互联网,能够更清晰地了解市场需要,工厂的每年、每季度的生产计划能够更加准确;机械加工连接到互联网,能够让客户提前看到最终产品的模样,甚至让客户参加产品设计的过程。

各行各业都采用互联网,或者叫"+ 互联网",以连接到互联网信息化的大生态之中。

互联网+

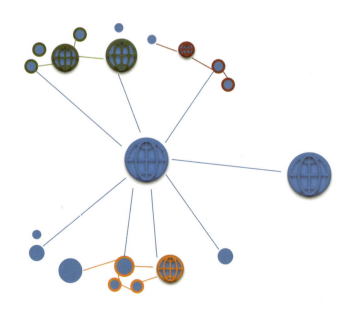

欢迎来到开放的互联网+世界

"互联网 +"由来

"传统 + 互联网"催生"互联网 +"

"互联网 +"概念的流行源于马化腾在 2015 年初两会中的建议。

马化腾认为："互联网 +"是以互联网平台为基础，利用信息通信技术与各行业的跨界融合，推动产业转型升级，并不断创造出新产品、新业务与新模式，构建"连接一切"的新生态。

信息化的角度有很多，马化腾是从连接的角度来解释信息化，这与微信定位为连接器的出发点相一致，微信希望成为所有企业、个人甚至各种智能设备的连接器，负责"连接一切"。

"互联网 +"是将传统企业连接到互联网，并融入互联网的信息化策略。这一策略也适用于其他具有连接能力的平台，比如新浪微博、百度地图、阿里来往等。

2005 年，企业家们在考虑是否封掉 QQ，以防止员工因上 QQ 而耽误工作。今天，如果哪个老板不让员工上 QQ，他一定是个不可理喻的人。

互联网是互相联系的大家庭，面对越来越开放、连接的世界，企业和个人也应该采取开放的态度，拥抱"互联网 +"的时代。

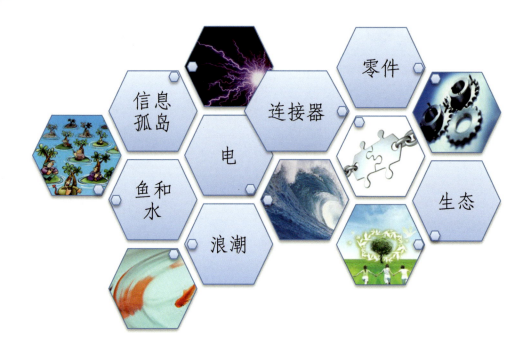

马化腾的"互联网＋"比喻

互联网＋的构成

鱼和水：即时通信（微信）与运营商是鱼和水的关系，互为依靠。

电：移动互联网像电，是一种可以量化的资源，可以自由按照需要量来取用。

信息孤岛：政府企业的各个信息部门相对独立，形成孤岛，企业没有连接到互联网也会形成信息孤岛。

连接器：互联网起着连接的作用，联系各个孤岛。

零件：每个人做的每一个项目都可以作为一个小部件，以开放的形式连接到一起。

生态：各行各业的结合，就像生态一样，具有多样性、复杂性。

浪潮：产业的发展似一波波浪潮，一浪推动一浪。

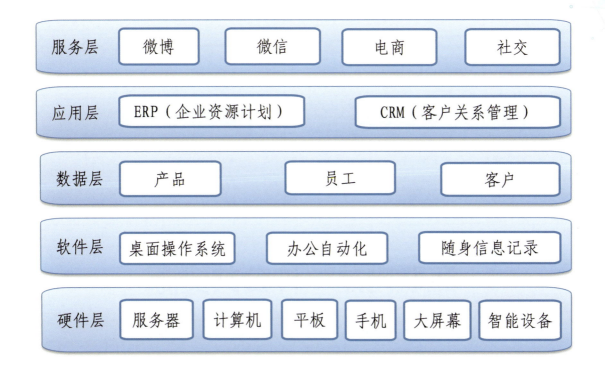

互联网＋的企业实现

互联网＋企业实现的五层模型

硬件层，物理实现。利用硬件实现企业或者个人的网络接入。

软件层，功能的实现。在硬件的基础上，各种软件提供了丰富的功能，桌面电脑上是各类程序，手机、平板上是各种 APP。

数据层，参与到互联网的人员和资源的信息。软件提供了功能，人们使用功能时会产生各种数据，如果把软件比作笔，那么数据就是笔写出的文章或者书。

应用层，提供人员和资源的应用整合。应用层把软件和数据结合起来，整合信息化的各类资源。

服务层，互联网＋最终是满足人们需求的服务。人们连接到互联网的服务连接端，使各种线上和线下的服务被综合到一起。

互联网世界	工业世界
• 数据的 • 开放的 • 基础设施(网络)公有	• 实体的 • 封闭的 • 基础设施(厂房)私有

互联网是一种公共资源

信息化企业与工业化企业对比

信息企业是由数据构成的；工业企业是工厂等实体构成的。

信息企业能够被开放性使用，但不是所有人任意可以参观和使用，而是按照一定的权限来有序使用；工业企业是封闭的，还常常由围墙隔离起来，成为独立的单元。

信息企业的基础设施——网络是共有的，大家以共享的方式使用，可以同时使用；工业企业的基础设施——厂房是私有的，大家以单独占有的方式使用，不能同时使用，只能一个人用完另一个人再用。

信息企业强调秩序，不是越多越好，而是要考虑品质，考虑与使用者的适配性；工业企业强调生产效率，单位时间生产数量越多越好。

第二章

连接的价值

工业以生产出实体产品的数量来衡量价值，互联网的价值计算方式却不一样，互联网的价值在于产品或者人之间具有的连接数量（或者简单说是人与人互相发生联系的数量），实体产品的数量（实体数）与相互连接的数量（连接数）关系是 1：n× (n-1)，利用连接实现的信息流代替工业时代的物流，不仅提升了效率，还优化了物流的结构。

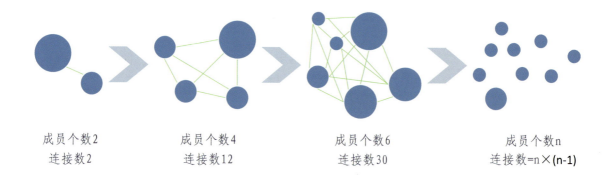

成员个数 2
连接数 2

成员个数 4
连接数 12

成员个数 6
连接数 30

成员个数 n
连接数 = n×(n-1)

连接随个体数量的平方增长

价值体现方式转换

工业社会，价值决定于成员个体的数量；互联网上，价值决定于成员之间的连接（互相的联系）。

因为工业社会依靠的是使用的产品，每生产（复制）一个产品产生一次价值；信息社会，复制一个产品的代价趋于零，只有使用了才体现价值，使用产品是生产者与消费者的连接过程。比如"你好"这个词，单独的并没有价值，当甲发送给乙的时候才具有意义，体现甲和乙连接（问候）的价值。

连接数

系统中如果只有 2 个成员，连接数是 2（连接具有方向，一个连接通常算两个），3 个成员连接数是 6，4 个成员连接数是 12⋯ n 个成员的连接数根据数学知识是排列数 P(n,2)，即 n 个中取 2 个的排列数。一个系统如果有 n 个成员个体，连接数等于 n×(n-1)，可以看到，互联网的连接价值具有非常强的规模效应。

连接数给出一个启示：相比于工业社会，信息社会是一种效率模式更高阶的社会。

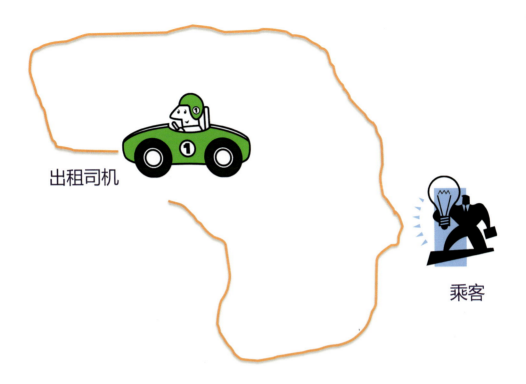

出租司机

乘客

用出租车来说明单连接

通常的出租服务

乘客打出租车的过程中，出租司机没有明确的目标，通过漫无目地在路上到处跑（俗称"扫街"）来寻找乘客，乘客则站在路边朝一辆辆出租车招手。出租车需要浪费空驶的油钱，乘客需要浪费等待的时间。

如果出租车多了，就会造成大量的空驶，如果出租车少了，就会造成乘客长时间的等待。

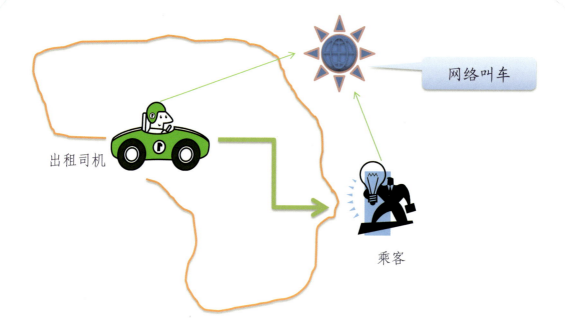

出租司机

乘客

网络叫车

连接优化资源配置

通过叫车平台的出租服务

　　通过网络叫车平台，比如滴滴出行，出租车不需要再通过"扫街"的方式揽客，只需停在路边，等待乘客发出叫车请求单，出租司机抢单，乘客与出租司机通过叫车平台的撮合实现了"连接"，切互联网连接的成本大大低于出租车空驶成本和乘客等待的时间成本，实现出租车直接有目的地接送乘客。

　　出租车可以原地不动等待订单，有了订单才开车接人，乘客则可以先在办公室等待，等出租车到了再到路边。

　　利用互联网连接（信息流）取代现实中的汽车、人员流动（物流），或者说信息流辅助物流，实现高效率低成本的资源配置。

　　根据连接具有规模化的道理，随着出租车数量和乘客数量的上升，利用出租车平台连接的价值会成平方数增加，因此，出租车平台在运输能力强的大城市具有更高的撮合成功率。

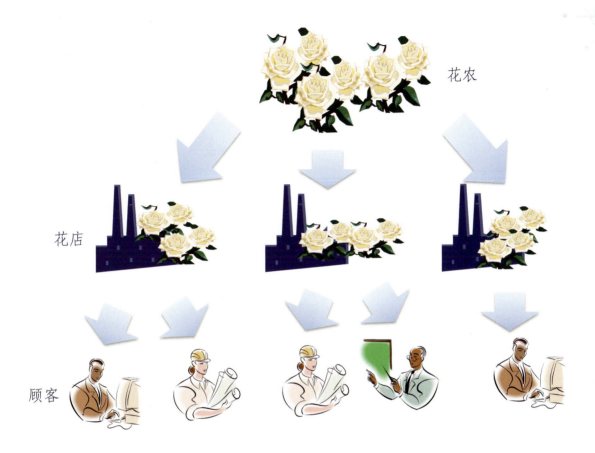

花农

花店

顾客

用情人节玫瑰来说明多连接

花店售卖鲜花

　　情人节的时候，花店先从花农那里批发鲜花，批发时没有明确的售卖目标，只能先把花运回花店储存，然后再卖给前来买花的顾客，卖完了再重新批发，情人节的花受购买时间的限制，由于买花行为比较随意，各个花店的花要么不够卖，要么卖不完。

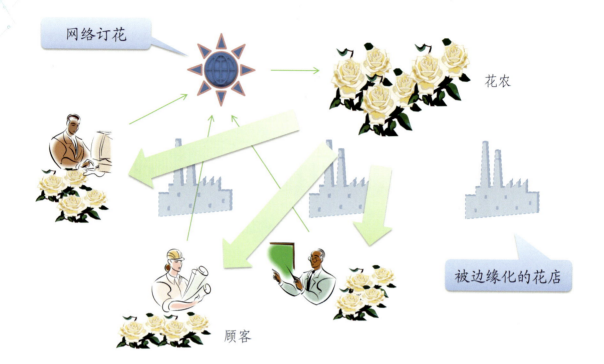

网络订花

花农

被边缘化的花店

顾客

连接优化资源配置

互联网直购鲜花

通过网络订花平台，顾客直接向花农订花，花农通过快递直接送达顾客，此时，花店要么就消失了，要么被边缘化，成为人们网络订花之后取花的地方。

网络订花（信息流）取代了花店转运（物流），考虑到快递还需要物流支持，网络订花是信息流辅助了物流，实现了高效率低成本的资源配置。

如果说在出租车案例中，互联网连接只是提高了效率，那么在情人节玫瑰花案例中，花店被边缘化了，则是互联网连接改变了产业链的结构。

互联网＋的核心是连接

跨越空间的连接

互联网打破空间障碍，让地球范围内的任何两个地方能够瞬时建立连接。

先通过互联网建立连接，然后再通过快递运输实体货物，生意的达成能够在全球范围内没有阻碍地进行，互联网＋的核心是连接，通过互联网连接不仅仅降低了单次物流的成本，还改变了全球资源配送的格局，基于互联网的全球化，使整个地球资源高效率地重新布局。

互联网连接打造了全新的数字地球村。

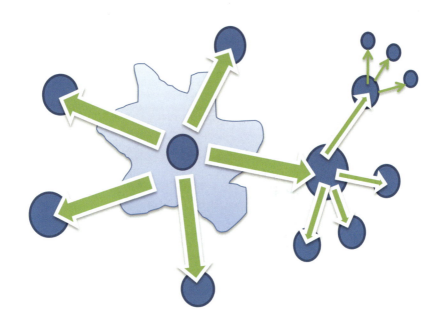

连接器

制造连接器

互联网＋的实施在于制造合适的连接器。一个企业要么做成连接器，要么做成被连接者，通过连接器，互联网连接是逐级展开的，形成一个不断延展的网络。

基于此，我们可看到一种趋势，商业的力量正从生产者向消费者转移，消费产生与生产力具有同等地位的力量，我们称之为消费力，本书围绕消费力来展开，各行各业的新趋势无不在彰显消费力的作用。

第三章

消费力取代生产力

　　工业社会生产是核心，社会财富通过提高生产力来实现累积，从生产角度计算的价值叫做生产价值；信息社会，消费比生产更加重要，价值将从消费的角度来计算，消费具有像生产一样的力量，即消费力，消费价值代替了生产价值成为价值计算的新标准。长期来看，消费与生产将重新走向融合。

三点一线的都市生活

三点一线

　　上班族具有自己的生活习惯，家、办公室、超市三点一线，即在上班、下班过程中顺便去一趟超市，具有规律性。正是活动空间的相对固定、作息时间的相对固定，人们才容易形成有规律的生活。虽然广告等会影响人们的购买行为，但得益于人们相对固定生活规律，人们在超市不断重复购买。不夸张地说，传统工业时期，规律才是主导人们生活的重要要素。

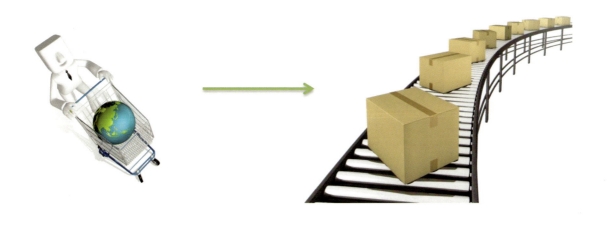

网络下单　　　　　　　　　　物流配送

网购打乱了人们的消费行为

随意的网购

　　网络购买不受时间、地点的限制，具有很大的随意性，又常常被社交网络比如微博、微信上的促销信息所引导，难以形成固定的规律，因此网购是快速变化、具有很大随意性、缺乏规律消费行为。

　　由于网购不同商品互相比较的门槛低，产品的极大供应与顾客相对有限的消费需求，使得顾客从单个渠道重复购买的必要性降低了，服务回头客成为网购稀缺资源，或者说网购时代开始，回头客几乎没有了。

　　传统工业、农业的生产通常是慢节奏的，以年为单位，而信息社会中，消费行为的节奏却越来越快，慢节奏生产越来越难以驱动快节奏的消费，这一矛盾正在催生消费行为反向驱动生产方式变革。所谓C2B（Consumer to Business 消费者对商家）模式开始流行。

以产品为中心　　　　　以消费为中心

消费的动力

以生产为中心

工业社会是以生产为中心的，工厂追求拥有更高生产能力，生产出更多数量的产品。

以消费为中心

生产越来越容易，产品越来越泛滥，在产能日益过剩的情况下，生产更多的产品如果卖不出去也不能增加收入，拥有生产力真不是什么值得称道的事情，真正的商业能力在于拥有多少消费者，商业从以产品生产为中心转移到以消费服务为中心。

以消费为中心也经常说成"以消费者为中心"或者"以客户为中心"，这容易引起误解，因为生产也是以消费者（客户）为中心的，而以消费为中心，更强调商业动力从生产环节到消费环节的转移。

制造时间

使用时间

消费价值论

价值计算方法

当商品从工业社会的稀缺状态转向信息社会的富足（过剩）状态时，商品价值的计算方法也发生着变化。

以茶壶为例，通常情况下工业社会一把茶壶的价值为"制造这把壶所用的社会劳动时间"，严格来说，时间应该是社会必要劳动时间；

到了信息社会，茶壶是过剩的，并不是每一把茶壶都有买主，再以生产计算价值不能正确反应卖出去和卖不出去的茶壶之间的区别，价值应该换个角度来计算，只有被使用过的茶壶才有价值，生产出来就被扔进垃圾桶没有被使用过的茶壶应该没有价值。精确地说，信息社会一把茶壶的价值为"消费者使用该茶壶的时间（时长）"。

简要地说，传统以生产时间计算价值的方式是生产价值，现在，信息时代，以消费时间计算价值的方式是消费价值。

两种价值计算方法是不一样的：在商品稀缺的情况下，生产价值计算更有效；在过剩的情况下，消费价值计算会更加有效。

以消费价值形式的计价已经出现，比如网络游戏按照时长进行收费，酒店业按照入住时间收费。

当商品价值都由消费者花费的时间进行计算时，是消费者而不是生产者在产业中占据核心地位。

按需生产是消费者的智造（制造），低级阶段的消费者智造是聚合（mashup），所谓聚合简单说就是消费者选择不同厂家的商品自行配合使用，比如在苹果的手机安装谷歌的地图服务。聚合不同于组装，组装只是产品的简单堆积，聚合具有服务的整合作用，商家之间利用开放的协议能够互相连接能力，但最终决定连接的是用户自己。

B2B
- Business to Business，商家对商家模式

B2C
- Business to Customer，商家对客户模式

C2C
- Customer to Customer，客户对客户模式，开始C2C的客户是指非专业的商家，是普通客户业余充当商家，后来，小的或者不专业的商家也被称作C

P2C
- Poduction to Consumer，产品对消费者模式，由生产厂家直接卖给最终消费者

C2B
- Consumer to Business，消费者对商家模式，即由消费者定制生产的模式，C也常常解读为Customer

常见的电商模式

电商常见概念

B2C、C2C 是消费者常见的电商网站类型，天猫、京东是 B2C（Business to Customer，商家对客户），淘宝是 C2C（Customer to Customer，客户对客户）。

P2C 的提法比较晚，天猫、京东上的生产厂商的旗舰店可以看作 P2C 模式，小米、乐视等自有网站直销、抢购也可以看作 P2C 模式。

C2B 模式，当前主要是概念，一些接受用户定制的产品，比如摩托罗拉的定制手机 Moto X，特斯拉汽车选配定制，不过，真正的定制模式应该更加细致深入，而不是仅仅是配件的销售搭配或者手机内置软件的简单搭配。

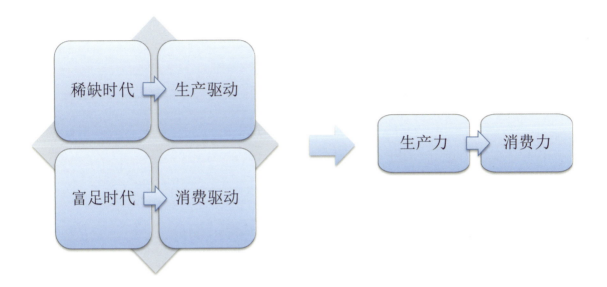

生产力与消费力

生产力与消费力

消费力是作者定义一个科技新词，用来表述消费者在整个社会进步中量化的驱动力。

工业时代是稀缺时代，是生产驱动的，我们关心生产力。

信息时代是富足时代，是消费驱动的，我们关心消费力。

工业时代的进步由生产力决定也转变为信息时代的进步由消费力决定。

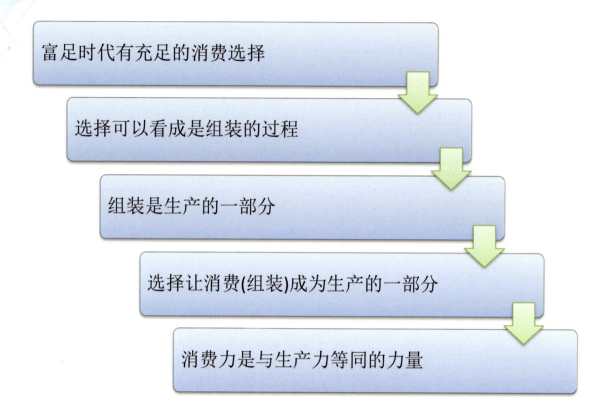

富足时代有充足的消费选择

选择可以看成是组装的过程

组装是生产的一部分

选择让消费(组装)成为生产的一部分

消费力是与生产力等同的力量

消费力的重要性

进一步说明消费力

消费力当然不只是用户选择那么简单，消费力有更深入的含义。

比如：用户行为的大数据分析。在传统的商业看来也具有价值，能够帮助商家更准确地锁定客户，增加销售。进一步，放在信息化环境中，用户行为可以模型化，找出用户的消费规律，能够为生产提供决策依据，此时用户行为和产品设计具有相同的重要地位，消费力指按需生产，即按照消费需要来生产，消费直接决定着如何生产。

在富足的前提下：生产相对容易，成本很低，边际成本趋于零；达成消费却不容易，需要高成本，表现在商业上就是容易生产却很难销售。

因此，消费要求提出比生产本身重要，由此可以体会到消费力的重要性。

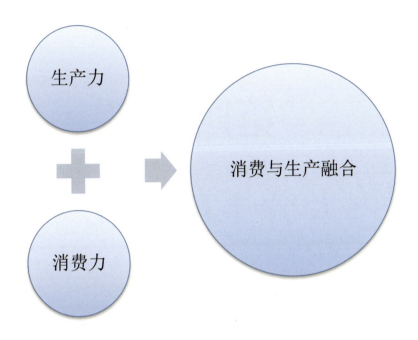

消费力改变商业规则

消费力的未来

生产力主导生产与消费的数量，消费力主导生产与消费的质量，现在到了质量比数量重要的时候了。

社会动力从生产转向消费，最后的结果并不是消费力与生产力两种力的平衡甚至长期并行存在。消费直接驱动生产，消费与生产将很难区别出来，进而合二为一。

就像在原始森林里，猴子从树上摘桃吃，是生产还是消费？其实既是生产也是消费，是合一的。

第四章

大分工的蜕化

　　农业社会早期没有社会分工，工业社会是大分工的社会，即将迎来的信息社会则是综合化的社会，人类社会将进入一个逆分工的阶段。信息社会的行业边界将变得模糊甚至消失，表现就是跨界现象越来越多，随着社会大分工的蜕化，社会大生产将演变成个性化生产甚至个体生产，工业社会的矩阵结构也将演变成信息社会的分层结构，工业社会的串行分工向信息社会的并行分工转变。

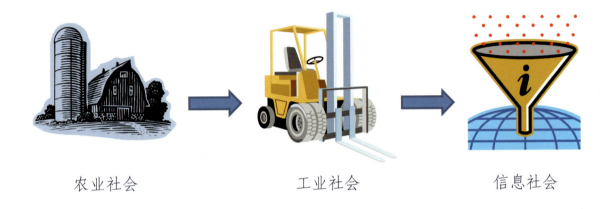

农业社会　　　　　　　工业社会　　　　　　　信息社会

三级社会进化

社会进化

　　把眼光放到社会发展的大尺度上考虑，从农业社会发展到工业社会，再从工业社会发展到信息社会，共有三级社会进化。

　　我们现在处在工业社会向信息社会转型的阶段。

　　农业社会向工业社会转型的标志是蒸汽机，工业社会向信息社会转型的标志是互联网。

人：专业

医生　　　　　　　焊工　　　　　　售货员

企业：行业

医院　　　　　机械加工　　　　超市

工业社会的分工特征

工业社会的分工

工业社会，人与人之间呈现出分工的规律。

人与人有不同的职业，具有专业性划分：医生、焊工、售货员，不同的职业岗位需要专业训练，不能互相替代。

企业与企业有不同行业，具有行业性划分：医院、机械加工、超市，行业不同企业开展活动的方式不同，需要的资源包括人员、材料、场地等也都不同。

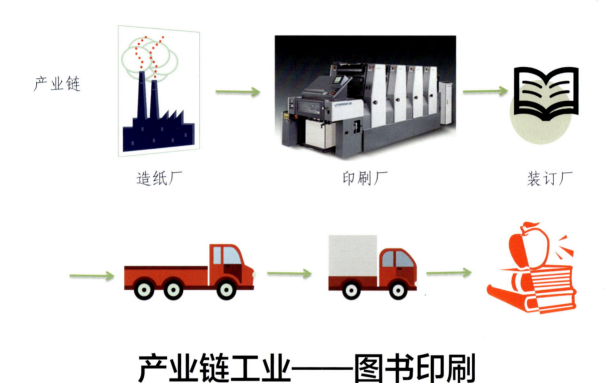

产 业 链

造纸厂 印刷厂 装订厂

产业链工业——图书印刷

产业链

工业化的企业，是通过产业链合作来实现产品生产的。

以图书印刷为例：造纸厂、印刷厂、装订厂形成书籍印刷的产业链。通过产品交付流通方式形成合作的链条，造纸厂向印刷厂交付的产品是纸张，印刷厂向装订厂交付的产品是书页，装订厂生产出书籍。

书籍发行的产业链则通过一级批发、二级批发…… 最后是零售书店来实现。读者可以在书店买到书。

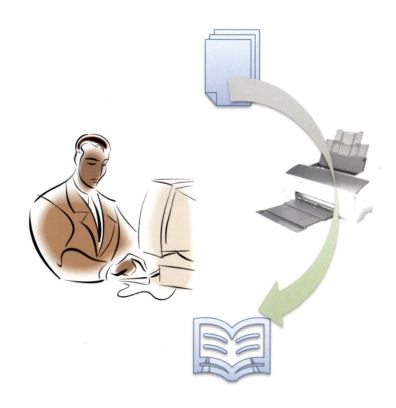

扁平化——个人出版

个人出版

通过电脑打印机，我们可以在家里实现打印。出一本印刷体的书，只需要自己一个人就可以了，这要在过去的工业时代，印刷、装订、批发、零售各个环节需要很多工人的配合，家庭打印的模式相比于传统出版，是一种扁平化的商业模式，去掉了繁琐的产业链合作环节。

能够把多人合作的产业链压缩成扁平到一个人进行，并不只是一种思路的改变，更是技术的进步，电脑控制的打印机，相比于传统排版印刷，是一种全新的数字化技术，没有打印技术的变革，一个人实现出版是不可能的。

扁平化——个人生产

3D 打印

如果不是普通的纸张打印，而是 3d 打印，那么，在家里就可以打印出各种玩具，随着 3D 打印技术的发展，还可以打印出杯子、鞋子，甚至人体的器官。

3D 打印不只是印刷技术从二维发展到了三维，打印只是词语类比式的借用，更准确地说，3D 打印是将电脑里的模型，通过一个通用的设备做成实体模型的方式，是一种先进的数码制造技术。

3D 打印也是扁平化的商业，前工业时代，需要繁琐的产业链合作，需要许多工人长长的合作工序才能实现生产线生产，而现在一个人就可实现产品生产，因此，3D 打印是传统工业的扁平化，去掉了繁琐的中间环节。

工业之所以能够扁平化，得益于信息化、自动化的发展。工业生产的整个过程能够模型化、数字化，电脑能够处理几乎所有的模型，最后数字化的 3D 打印机将模型变为现实。

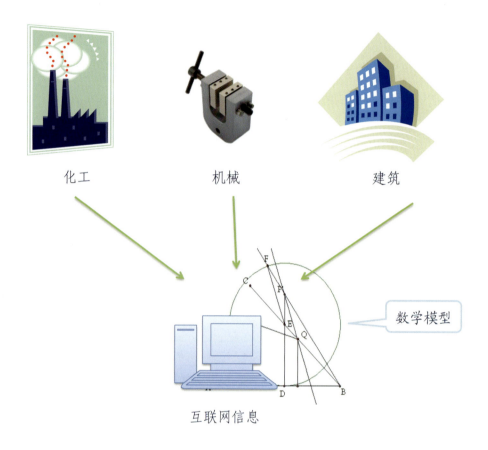

化工　　　　　　机械　　　　　　建筑

数学模型

互联网信息

行业边界消失

各行各业越来越没有边界

随着各行各业的数字化、信息化，工作人员面对的不再是各个行业的实体细节。

化工工作人员不需要面对各种化学品，机械工人不需要面对车床，建筑工人不需要面对水泥砂石，大家都来到电脑桌前，面对相同的信息化的数学模型就可以解决各自领域的问题。从形式上看，各行业的工作人员都变成了"电脑操作员"。

行业之间的边界变得模糊，甚至消失了。

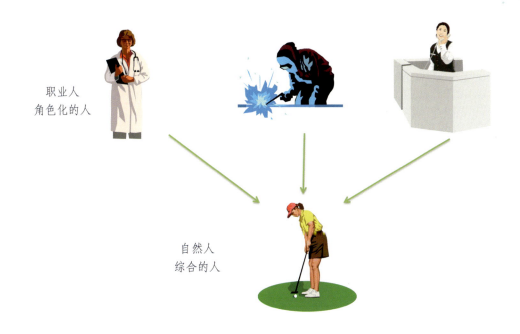

职业人
角色化的人

自然人
综合的人

去分工浪潮，重回综合化

综合化

由于行业边界变得模糊，人员跨界流动的情况也会越来越多。在互联网上，服务于餐饮行业的程序员转移到服务建筑行业，几乎没有任何门槛。产品设计人员转移的障碍会大于程序员，但也比传统行业的障碍小得多。因此，常常看到一个互联网创业团队，刚开始做服装，两年之后，可能整个团队转做餐饮团购。

自然人

工业社会，每个人都是职业人，在各个生产环节充当一个角色，或者叫做角色化的人，随着行业边界消失，人们不再局限于行业工作，而是跨界工作，工作要求人的综合能力而不是专业能力。

进一步，随着自动化技术的高度发展，各个生产环节的参与人员，尤其是生产线上的工人，逐渐被智能机器替代，人从产业中脱离出来，人的作用是创意和服务，不再是生产。

创意服务领域，人不再依靠专业知识工作，工作更加依赖于性格类型，比如：感性的人更适合销售而不是技术，至于是卖面包还是衣服则差别不大。

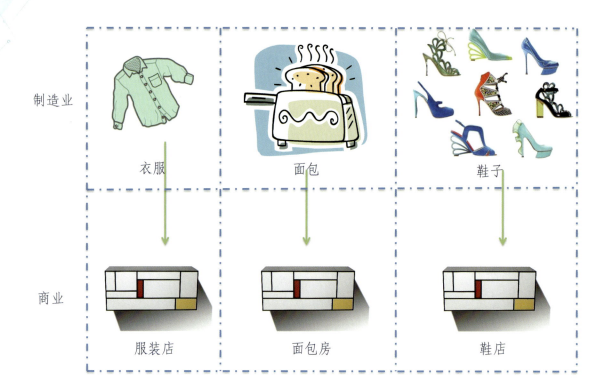

制造业

衣服　　　　　　　　　面包　　　　　　　　　鞋子

商业

服装店　　　　　　　　面包房　　　　　　　　鞋店

工业社会的结构

工业社会的矩阵结构

　　工业社会是矩阵结构，首先，各个行业是相互分隔的，其次，各个行业的上下游也是分隔的，形成了纵横交错的矩阵结构。

　　工业上下游纵向可以区分为制造业（或称为实业）和商业，横向则可以分为各个行业：服装、食品、鞋帽。

　　工业社会，横向是行业区隔，纵向是制造业与商业区隔。当然，现实的纵向区隔要比制造与商业的两段式区分更为复杂，横向的分类也要更繁多。

信息社会的结构

信息社会的层级结构

　　相比于工业社会纵向的制造与商业区隔，信息社会也可以区分为制造与物流，物流与商业区别在于，物流几乎不区分商品的类别，而采用一致的配送，现实的电商中，我们接触的物流更多是快递公司。

　　信息社会产品的制造与物流是分层的，并不形成矩阵式的分隔，当然，现实中制造与物流两层划分可能会出现多层，但要比工业社会的产业链的级数要少，层次区分要简单得多。

　　社会结构由矩阵结构向层级结构演化之后，消费者体现了更重要的作用，消费力正在成为主导力量。

第五章
信息引导产业重构

　　农业社会早期没有社会分工，工业社会是大分工的社会，即将迎来的信息社会则是综合化的社会，人类社会将进入一个逆分工的阶段。信息社会的行业边界将变得模糊甚至消失，表现就是跨界现象越来越多，随着社会大分工的蜕化，社会大生产将演变成个性化生产甚至个体生产，工业社会的矩阵结构也将演变成信息社会的分层结构，工业社会的串行分工向信息社会的并行分工转变。

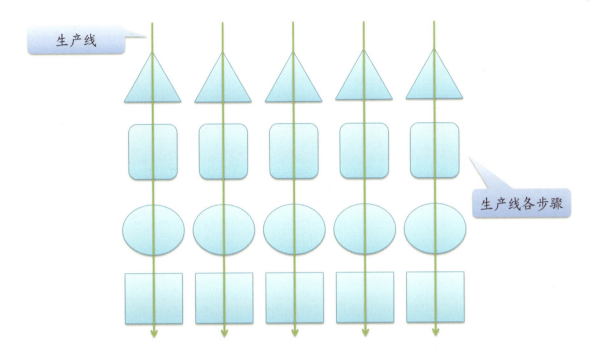

生产线

生产线各步骤

传统工业生产线

矩阵结构的传统生产线

生产线是企业内部生产的组织方式，生产线与"企业之间合作的产业链"非常相似。传统企业生产线也是纵横交错的矩阵结构。绿色线条示意生产线，横向表示多个并列的生产线，纵向不同的几何图形表示生产线经过的各个步骤。

传统工业生产线的步骤、生产规范都是固定的，是规范的矩阵结构。也就是说，一个企业各条生产线构成的矩阵，演变的速度比较慢，相对稳定。

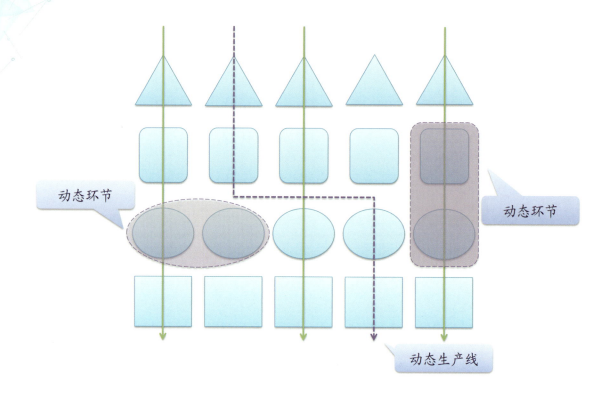

动态环节

动态环节

动态生产线

柔性生产线

柔性生产线

互联网的扁平化冲击，固定结构被冲散，生产线需要具有结构上的灵活性。

工业4.0是德国提出来的一个互联网概念，类似于中国提出"互联网+"，德国是一个传统工业国，更希望以工业作为参考点，互联网便是工业的一个新阶段。相比之下，中国"互联网+"更注重互联网的独立性和创新性。

工业4.0强调生产的柔性，也就是生产线是动态的，可以在生产过程中重新配置（组织）。不仅生产过程是动态的，生产步骤也是动态的，可以与其他步骤合并到一起，可能沿着生产线纵向合并，也可能沿着生产线横向合并。合并也不是一直固定不变的，随着生产的需要来变化。

传统工业的生产线，结构也会发生变化，但节奏比较慢，在一次大批量生产的过程当中不会变；信息化升级的生产线变化的节奏越来越快，甚至可以随着单品的生产调整，在生产的过程中调整结构。

生产线的例子可以扩展到产业链上，工业4.0的提法，可以看作是信息化动态重构了生产线或者产业链。

最后一次工业变革：自动化

自动化技术

　　自动化技术是一次工业变革，被称为第四次工业变革，这也是欧洲工业 4.0 名称的由来，但不如把自动化技术看成信息化变革，是工业化转向信息化的第一次变革。

　　因此，自动化是最后一次工业变革。生产可以完全由机器人自己决定，不需要生产线来指导或者约束，生产线或将成为历史名词。

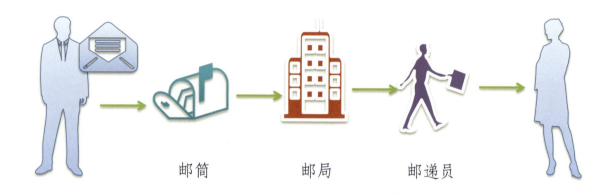

邮筒　　　　　　邮局　　　　邮递员

工业的串行性

串行的工业

工业时代，合作方式是串行的。

以邮寄一封信为例：一封信，从发信人发出，经过邮筒、邮局、邮递员，层层传递，最后送达收信人。

工业的合作就是从生产者开始，沿着一个串行的链条，上一级向下一级交付产品，直到送达最后的消费者。

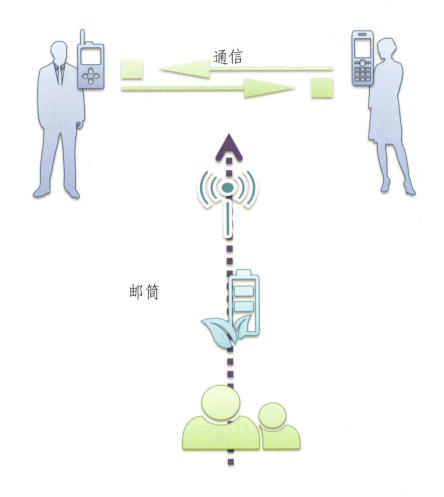

通信

邮筒

信息业的并行性

并行的信息业

工业时代，合作方式是并行的。

以打电话为例：两个人打电话，感觉就像面对面直接对话，没有中间环节在传递。但仔细一分析，运营商的通信基站、发电厂的电力供应、信息维护人员都在工作，他们与打电话的人是同时工作的，即合作是并行的，常常也把并行的合作叫做协作。

从工业到信息化，合作方式从串行发展到并行，是一种实时的协作方式，要求更精确的配合。

信息业的并行化，生产力更多地被隐藏到了后台，来自消费者的消费力主导着新商业。

第二部分

战术篇

第一章

互联网＋，技术动力

互联网＋的技术涉及各种硬件和软件。总体来说大数据、云计算、物联网、智能终端四个方面是互联网＋重要的技术基础，从机器互联、人的互联发展到万物互联，智能化是信息化的高级特征。智能终端实现了信息对实体世界的感知，物联网将智能终端连接到一起，云计算提供了随时随地的处理能力，大数据则是巨大的资源库，包含了过去、现在乃至未来的资源支持。

电脑　　　　手机　　　　服务器

苹果IOS　　微软Windows　谷歌Android

云计算　　　　　　　　　物联网

互联网 + 的技术要素

互联网 + 的技术构成

　　互联网 + 的技术动力来自于以下几个方面：各种硬件、软件，云计算、大数据、物联网、智能终端等方面。

数据的量化作用　　　从数据到大数据　　　大数据是世界的镜像

大数据是什么？

大数据的三个层次

大数据可以从三个层次来认识：

量化的数据：记录了人、设备的行为。这里的行为并不限于用户行为，包括各种设备、事务的信息。这些信息可以进行量化统计、分析，得出行为的规律。

从数据到大数据：大数据不是数据量大或者种类多，而是数据的使用方式的改变，是不同数据之间的关系，利用数据的量化分析可得出各种行为的关联性，找出行为的潜在规律。

数据镜像：全面的大数据是世界的一个镜像，是数字化版本的世界，通过以数据运算代替真实行为，对未来预测具有很高的拟合性，尽管精确预测是不可能的，但能够辅助企业决策。

模型

预测未知行为

行为

完善关联逻辑

大数据方法

大数据连接行为和模型

　　大数据的作用可以用一个循环来解读：通过用户的行为数据，完善模型的逻辑结构；通过模型的逻辑结构，预测人或者事物的未来行为。

　　通过数据采集，大数据分析，能够建立起系统的数字模型，不过，模型只是现实系统的近似，可以通过测量、数据分析让模型更精确，更接近真实系统，但永远不可能和真实系统完全一致。

　　真实系统还是发展变化的，一个高度拟合了真实系统的数字模型，如果不及时更新，会逐渐偏离真实系统。

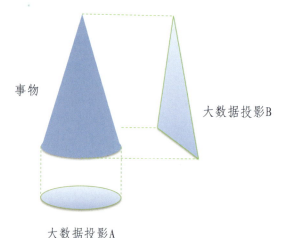

事物

大数据投影B

大数据投影A

地球上发射火箭的预测

大数据的盲区

大数据投影原理

大数据模型只是现实的投影，如图所示：一个圆锥体，俯视投影是一个圆，侧视投影是一个三角形。大数据模型只是现实的投影，大数据的信息量即便再多，跟真实的信息量相比，也只是微乎其微。就像二维的图像清晰度再高，跟真实三维物体信息相比也是微不足道的。

大数据投影原理解释了为什么用大数据建立模型结构和行为预测都只能做到近似。

大数据目的性原理

大数据模型决定于使用的目的，没有使用目的，大数据模型就没有意义。再如图所示：大数据模型是现实的投影，投影角度不同，得到的影子是不一样的，图中A和B同样是投影，但形状完全不同。

城市的红绿灯，只对人类和汽车才有意义，从马路上飞过的鸟和蜻蜓都不会受到任何限制，甚至交通不文明的地方，红绿灯对行人也是形同虚设。

大数据测不准原理

人和事件，放到越大的空间和时间范围，越可以精确预测的，放到越精确的空间和时间范围，则越不可以精确预测。

大数据如果用来预测个人的行为，尤其是精确时间、空间的具体行为，会完全无效。

地球上发射火箭，如果规定了狭窄的时间和空间段，预报的精确度就会降低，如果放开空间和时间范围，预报的精度就会升高。预报人类生活在地球上，几乎是永远正确的，但精确到哪个方位，则有些困难。

大型机　　　　　　　　个人机　　　　　　　　网络机

云计算是什么？

计算机的历史

　　大型机时代，一台大型机连着多个终端，每个终端有显示器和键盘，从每个终端的用户角度看，就像一台独立的计算机一样。

　　个人机时代，一台家用的计算机，具有独立的存储运算、显示器和键盘，每个个人计算机（PC）是一台独立的计算机。

　　网络时代，个人计算机（PC）都连接到了网络上，虽然每台独立的计算机都有独立的存储和计算能力，但会从网络服务器上获得部分数据，也会利用服务器做一些运算。

　　简单理解，云计算使用了网络集中数据和计算资源。从使用者的角度看，数据和计算成为了一种资源，就像水一样，拧开龙头就可以按照需要量取用。

服务数据化

服务

实现生产能力的按需分配

量化服务

数据

云计算的作用

按需服务

云计算把各种服务包装到云端，像数据一样管理，当用户需要的时候，把服务的数据下载到用户端供用户使用，云端包装的数据是可以量化的。

云计算是生产能力或者叫服务能力的按需分配。让资源公共化，每一个需要的人按照需要来计量使用。

云计算将服务能力数据化，以数据的方式来取用。

个人电脑　　　　　　　手机　　　　　　　手表

各种智能终端

智能终端是什么？

计算机的发展趋势

从个人电脑、手机到手表，计算设备发展经历了三个重要阶段，手表习惯被称为穿戴设备，因为能够"穿戴"在身上，之后，鞋子、帽子、衣服，甚至椅子、床都将成为穿戴设备，当然，不是"穿戴"在身上的，是更广泛的大穿戴概念。

手机之后的各类计算设备开始微型化，并且配有各类传感器，比如 GPS 定位、方位检测、温度检测，智能手表还能精确地检测到人的心跳和走步，手机之后的设备与电脑以纯粹的计算有很大的区别，像人的感觉器官一样，能够对周围环境进行检测，这些微型化的具有感知能力的计算设备也常常通称为智能设备。

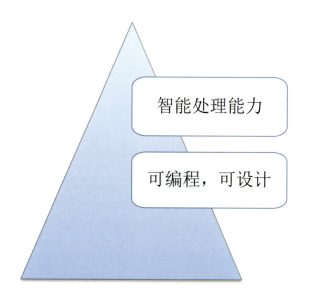

智能终端的作用

智能处理能力

给每个终端注入智能处理的能力后，终端不再是一块石头一样冷冰冰的东西，而是能够自动处理信息甚至感知环境的变化，从"死"的物体变成"活"的生物。

可编程、可设计

有两个层面的作用理解：每个早期终端可设计，可以实现整个系统的智能化；每个早期系统可设计，可以实现终端的智能化。

这是智能化改造的两个方向：从终端的角度，可以在不改造整个系统的情况下，对终端进行改造从而实现整体的智能化；从系统的角度，系统也可以被赋予终端智能能力。

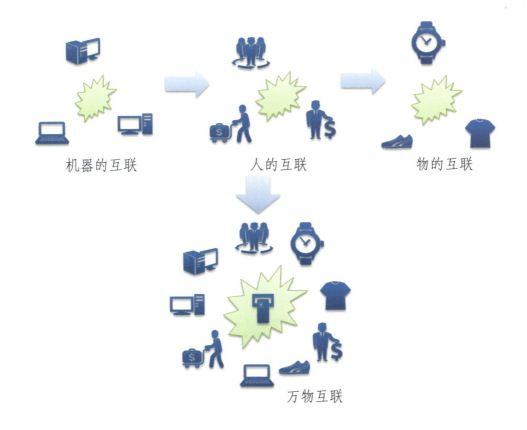

机器的互联　　　　　人的互联　　　　　物的互联

万物互联

物联网是什么？

互联网的发展阶段

第一阶段，1945～2005，固定的计算机之间相连的机器与机器的联网；

第二阶段，2005～2014，基于手机、平板电脑等移动设备的人与人的联网；

第三阶段，2014～，基于智能手表、智能鞋子、智能衣服等穿戴设备的设备与设备的联网。

设备联网之后，机器与机器、人与人的联网还继续存在，共同构成一个超级的万物互联网络：物联网。

物联网不是另一个互联网，是互联网深入发展的一个阶段，是有智能设备参与的互联网，正如移动互联网不是另一个互联网，是有手机等移动设备参与了的互联网一样。

通常，电脑实现了固定网络时代，手机让互联网移动起来了，俗称为移动互联网，到智能设备兴起时，人们习惯用物联网一词。

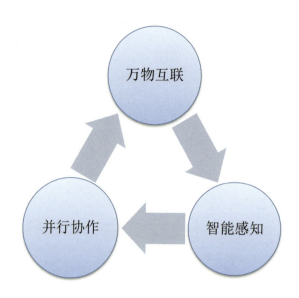

物联网的作用

万物互联

实现万物互联，为所有的一切都建立网络连接。万物都加入互联网之后，所有的设备、人甚至物体，都能够通过互联网进行控制、指挥、联络。在物理空间我们能够看到、拿到，在信息空间我们能够连接到。

智能感知

物联网能够对环境具有感知能力。物联网的感知通常是用智能终端实现的，能够把人对世界的认知能力大大扩展，构建数据化的世界模型。

智能感知能力是通过各种传感器实现的，比如温度传感器、位置传感器，以及更细致感知的压力传感器、烟雾传感器，安装了传感器的设备就像部署了许多侦察兵一样，能够知道现场的各种状况。

并行协作

物联网上的每一个节点都能并行工作。物联网上的点都是主动的，在不需要外界驱动的情况下能够主动工作，每一个主动工作的单元，并行协作完成更大的任务。

智能化

人类历史经历了三次重大的技术变革

农业时期的农业化，通过驯养野生动物，种植野生植物，人们对世界进行干预，实现物为我用，从而拥有稻谷、小麦、玉米等农作物，猪狗牛羊等家畜。

工业时期的机械化，机械化是外观的可设计方式，人们可以设计自己想要的外形，能够配合精确动作，从而发明了机器。

信息化时期的智能化，智能化是功能的可设计方式，人们可以设计自己想要的功能，实现精确的功能，从而发明了智能设备。

农业化、机械化、智能化"三化"是按照需要进行生产或服务（按需服务）的不同阶段。

农业时期产品的按需生产只实现到品类的按需，时间的可控性较差，比如种田；

工业时期的产品，能够做到产品的按需，想要哪种产品生产哪种产品，时间基本可控；

信息化时期，产品能够做到使用的按需，使用的时候按照需要来满足，时间是实时的。

互联网技术、智能化的发展，使消费者能够有更多的可能性把控产品与服务，消费力得到技术保障。

互联网 + 技术 = 连接器

技术的基础

技术从四个层次来看，分别是：智能终端、物联网、云计算、大数据。

这四个技术名词可以看成是不同技术领域，也可以看成是实现互联网＋的四个层次：智能终端提供信息采集与反馈，物联网实现信息的网络连接，云计算提供分布式的计算与存储能力，大数据实现信息大整合。

连接器的作用

互联网＋实现连接一切，连接器的作用可以从三个层次来理解：

设备的连接：信息的物理连接，打通互相的信息通道；

人的连接：人是主体，技术最终驱动人文变革；

场景的连接：由时间、地点、人物、事件构建的场景能够相连，技术实现物理空间的跨越。

第二章

互联网＋网络社交

　　社交让互联网充满人性活力，是人们的工作、学习、娱乐、学习在互联网上的映射。社交让互联网不再只是一种技术工具，而且是一种新的生活方式。

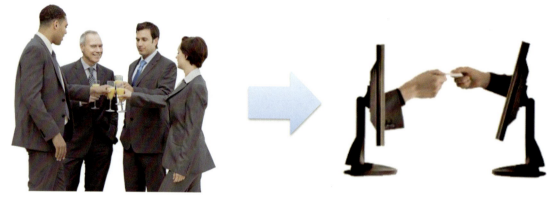

真实社交　　　　　　　　　　　　网络社交

真实社交与网络社交

网络社交

首先，网络社交是真实社交的映射。当网络社交丰富了之后，会产生出真实社交之外的内容，网络成为社交的新场所。

互联网早期，人们只是在需要使用的时候才上互联网，互联网是阶段性使用的工具，网络社交的出现，人在互联网上的活跃由以前阶段性断续的行为变成了连续性持续的行为。

人在网络上持续性活跃之后，不仅人可以主动使用互联网，互联网也在驱动人的行为，人开始被动使用网络，社交干扰让时间变得碎片化。

手机或者随身的穿戴设备更适合作为社交的工具，人们在活动的过程中利用穿戴设备可以持续地通过互联网保持联系。从桌面发展到手机，最终穿戴设备更符合社交的需要。

微信功能	社交作用	商业价值
• 对话	• 自己人	• 成交
• 群组	• 组织工具	• 售前售后
• 公众号	• 存在	• 店铺
• 群发	• 扰动	• 促销
• 定向发送	• 服务	• 跟踪
• 朋友圈帖子	• 存在	• 有东西
• 朋友圈转发	• 建立存在感、示好	• 推销东西
• 朋友圈评论	• 拉近关系	• 评估
• 支付	• 商业闭环	• 价值实现

微信与社交、微商的关系

微信

　　就是点对点发给好友的文本或者语音，能够通过对话发的消息是相对私密的交流方式；社交定位是自己人，因此，通过对话向不太熟的人发消息的时候就要注意，如果是推广类信息，很有可能会因此被对方拉黑；对话的商业价值是成交，成交之后通过对话发送确认消息或者账单。

群组

　　群组也在微信列表里，只不过参与的是三个或以上的人；社交上，群组是人员的组织工具，也是简单的群聊工具，还可实现人员管理能力；群组的商业价值在于售前与售后，售前导购、售后服务。

公众号

　　公众号刚开始跟微信一样，但订阅号已经折叠了，并且公众号提供了一些发送信息的能力；微信公众号的社交作用是表示自己存在，每发布一次信息，则体现自己的存在感，更规律的发布表达存在感更有效；公众号的商业价值就是店铺，将商业价值的存在合理、有规律地展现在顾客面前。

群发

　　群发是公众号的一项功能，可以让所有收听者收到消息，也可以用微信向所有的好友群发消息，还有一些第三方群发助手，能够选择时间档自动地群发；群发的社交功能是扰动，是一种干扰，群发不宜过于频繁，推广性的内容，群发一两周发一次都会显得频繁，会让对方停止收听或者拉黑；群发的商业价值是促销，不可滥用。

定向发送

定向发送是有条件的群发，微信、公众号都提供了一些过滤方法，有些第三方功能更强大；条件清晰的群发价值大大提升，社交作用是提供服务，比较准确地服务；定向发送的商业集中制是跟踪，售后跟踪或者售前跟踪，根据客户的条件，提供符合用户状况的服务引导。

朋友圈帖子

朋友圈帖子与公众号有很大的相似之处，当公众号的订阅号折叠之后，不再对微信队列进行干扰，就更一致了；社交角度看，朋友圈的帖子也是一种存在感，由于朋友圈的帖子是好友叠加在一起的，公众号则各自独立，因此朋友圈的体现存在感也弱一些；朋友圈帖子的商业价值就是表示自己有东西。

朋友圈转发

朋友圈转发消息，与朋友圈帖子展示形式相似；转发帖子是帮助别人体现存在感，熟人之间常常是一种示好行为；可以用来向别人推销东西，朋友圈虽说干扰性比微信弱，但作为推销，也要注意不宜过量。

朋友圈评论

朋友圈评论附着在原帖下，有文字评论和直接点赞两种形式；从社交作用看，评论是用来拉近人际距离的；从商业价值来看，评论用来对商品进行评价、评估其价值，可供其他人参考。

支付

微信支付是一个独立功能，形式有红包、转账等；支付的社交作用就是实现商业闭环；是商业价值的兑现。

微博与微信

微博与微信不完全一样，但一些功能的社交和微商价值是一样或者相似的。

微信对话可看作微博私信，微信群组对应微博群组，微信公众号可对应微博专业版，微信群发对应微博发布或者私信群发，微信定向发送对应微博粉丝头条等，微信朋友圈发帖、转发、评论可对应微博信息发布发微博、转发、评论，微信支付也是微博支付的定位。

· 原帖——存在感——有东西

· 转发——借力存在感、示好——推销东西

· 评论——走近关系——评估

· 私信——自己人——成交

· 群组——信息管理工具——售前售后

· 公共号——存在——店铺

· 群发——扰动——促销

· 定向发送——服务——跟踪

· 支付——商业闭环——价值实现

微信的商业映射

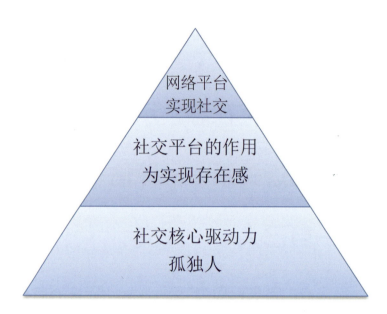

社交平台

社交平台是什么

　　社交平台是实现社交的网络平台。通过手机等设备，社交平台能够让使用互联网的人时时刻刻保持联系，社交不仅是人际关系在网络上的映射，实际上，随着社交平台的成熟，网络社交在很多时候已经取代了实际社交，年轻人聚会的时候，都不互相看，用手机聊天替代了当面聊天。

　　社交平台的作用就是实现用户的存在感。社交平台能够让人们分处不同的地方依然感觉像面对面在一起一样，保持每时每刻的陪伴。

　　之所以需要找到存在感，前提在于孤独人假设：人都是孤独的，人的行为是为了排除孤独感。关于孤独人假设，参考我的另一本书《裂变：看得见的未来》。

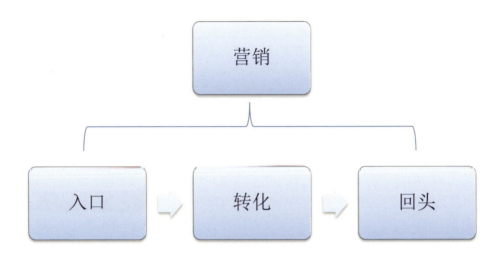

社交营销

营销的三个维度

社交营销可以从三个维度考量：入口、转化、回头。

入口，代表能够被多少人知道，入口率则是知道的人数与应该知道的人数之比。入口率是衡量一个公司推广能力的指标，能够推到更多的入口，说明公司资源丰富，推广能力强大。

转化，代表有多少人购买，转化率，购买的人数与知道的人数之比。转化率是衡量产品策划设计能力的指标，能够有较高的转化，说明产品定义满足客户要求，符合客户的需要。

回头，代表有多少人重复购买，回头率，重复购买的人数与购买人数之比。回头率是衡量产品质量的指标，更多客户回头说明产品质量符合策划和设计目标，经得起使用考验。

这三个数字可以用来衡量所有的营销行为。

入口改变营销

入口决定营销方法

相比较于营销方法，网络营销更重要的前提是人在哪里，人在哪里才确定在哪里做营销。

互联网业务发展过程中，从论坛、博客、微博到微信，用户到哪里，营销就需要跟到哪里。

不同的互联网业务有不同的做法，人群在不同的互联网平台上的习惯会发生变化，因此，更换了营销所在业务之后，比如从微博到微信，需要更新所采用的营销方法。

互联网 + 联系 = 网络社交

传统的联系方式

联系方式可以分几类：媒体、人群、组织。通过报纸、电视等实现的是媒体方式的联系，是单向的；通过广场、会议室等实现的是聚会方式的联系，是双向的，但比较短暂；通过公司、行业协会等实现的是组织方式的联系，是比较固定稳定的联系方式。

媒体是最弱的联系，通过报纸、杂志、电视，因为人们有固定的订阅习惯和收视习惯，媒体是影响力弱的渠道，能够覆盖相对固定的人群。

人群是较强的联系，通过聚会、活动、地缘接近等原因实现人群聚集，影响力和物品都能够送达相应的人群。

组织是最强的渠道，包括一个单位、一个商场的员工，也包括对应组织服务的客户或顾客，尤其是组织里面的工作人员，对组织有依附性，具有非常强的信息和物品送达能力。

社交的属性

社交的属性如下：社区、行为、动态、互动，通过社交能够获得与传统渠道等效的作用。

社区首先是一群人，其次保持一定相互交流的活跃度。互联网社区可以重叠的，即一个人可以同时在多个社区，只要他保持一定的活跃度，完全不活跃的用户是不能算作社区成员的。

正如上面提到"社区是一群人，还需要保持活跃度"，行为是社区的重要属性，是社区成员主动发生的，相应的，动态也是社区成员的重要属性，动态可以看作是被动发生的行为。

社交最重要的属性是互动。当然，互动并不是要求完全对等，只要社区有互动性就构成了社交。

渠道是相对固定的，营销等效果也容易预估，社交则是变化的，行为和动态都能影响社交效果，而且社交社区本身也是通过社交行为来建设或修正的。

从入口改变营销可以看出，消费力是因消费而变的，生产带动消费的能力不及消费力。

第三章
互联网＋，社群

　　人们生活的局部环境叫做社区，从历史的角度看，在农业社会、工业社会、信息社会的发展中，社区也经历了村庄、城市、社群的三种形态。社群是信息社会的社区形式，从社群形成的角度看，经历的是网络社交形成粉丝，粉丝互动进一步形成社群的步骤，社交、粉丝、社群是社群形成的三步。

社区纵向维度

社区的历史

从历史纵向的维度，社区经历了村庄、城市、社群三种形态的变化，这三种形态分别对应农业社会、工业社会、信息社会三种社区聚集的方式。前两种不用多解释，第三种社群是新的信息社会社区形态，方便于理解，大家可以先将其想象成分散在微博、微信这些社交工具上互相关联的人群。

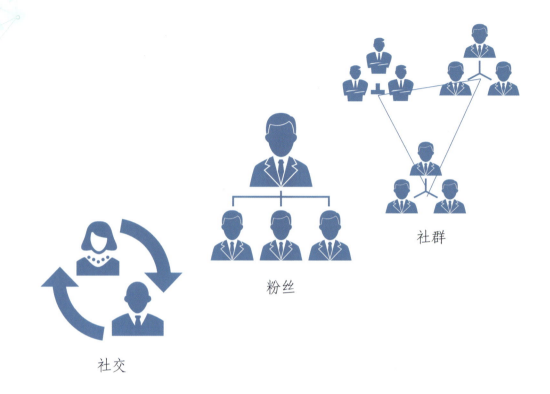

社群

粉丝

社交

社区横向维度

社区的横向比较

从空间横向的维度，社交、粉丝、社群展示了三种形态。社交是指人与人之间的两两交往形式，粉丝是指一群人围绕一个中心（明星）的形式，社群则是多中心的人群形式，也可以看成是多个粉丝群体的整合。

当然，社群并不等于粉丝群体的直接整合。社群并不必须围绕一个或多个固定的"明星"，社交的中心随着事务的发展在迁移、变化，并可能受多个中心影响。

社群与工业的城市和农业的村庄相比，社群是可以多个社群重叠的，城市、村庄都只能独立存在，具有排他性。

相对于城市，社群是一个逆分工的社区。从工业社会的分工状态进入信息社会的综合状态，但有别于农业社会的没有分工也没有协作，社群是无分工有协作的，只不过协作是分层的，可以看成并行协作下的"分工"。

社群的工作将是场景驱动的，是场景上任务的承接体。

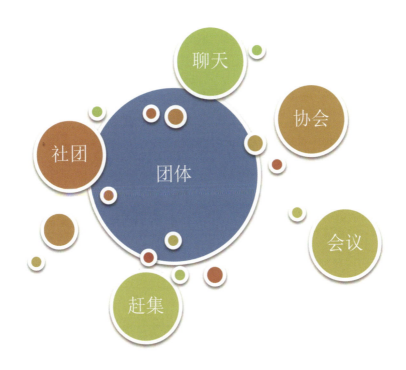

社会团体

社会团体

　　除了公司那样非常正规的固定团体，还有许多社会团体，比如协会、社团，甚至，一些活动也能够构成临时团体，比如一次会议、一次赶集甚至一次聊天的成员都能构成一个临时团体。

　　传统社会里，固定团体（如企业）和临时团体（如聚会）具有明显的区别，随着互联网的发展，边界被打破，不再明确。

　　临时团体融入固定团体，构建出社会化的群体——社群，社群是农村、城市之后人类的群体生活组织形式。

消费群：消费出发点的驱动

生产群：工作出发点的驱动

综合群：教育培训是粘合剂

社群分类

社群结构

固定组织的边界不再固定。以企业为例，企业边界被打破，企业作为一个实体存在的意义也在逐渐消失，以项目、事务为中心的社群具有更大的作用，而且社群将同时容纳临时性团体。

最先形成的社群是消费群。产品富足之后，用户（顾客）的选择性催生了消费群，产品依靠消费群进行销售，而不是像传统那样依靠渠道销售，消费群与渠道最大的区别是，消费群是用户之间互相影响实现购买的，渠道则是通过媒体宣传、渠道成列达成购买的。

接着形成的社群是生产群，消费群的选择性越来越强，生产企业很难满足快速的消费变动，渠道型企业（批发商、会展商、咨询商等）演化成生产群，实现产品的生产与流通。生产群需要对接消费群才能实现商业闭环。

最后形成的社群是综合社群。消费与生产是不严格区分的，生产群逐步被消费群吸入，一会儿老社群消失，一会儿新社群形成，形成不断起伏的社群周期。

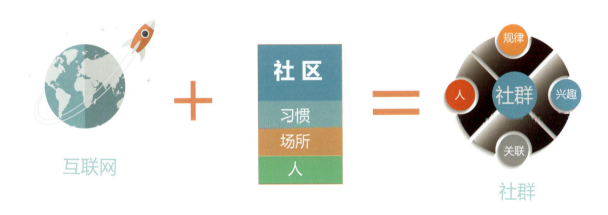

互联网 + 社区 = 社群

传统社区

传统社区由人与现实场所（城市小区、办公楼）构成。人们在固定的空间活动，具有周期性的规律。

社群

社群跟现实的场所并不固定在一起，是由人与人之间的关联（连接）决定的，社群最终也会呈现出规律性，但这个规律是由兴趣决定的，规律本身不会太稳定，容易发生变化。如何让社群呈现出规律性是社群研究、社群发展关心的问题。

第四章

互联网＋，轻公司

实体公司在固定地点、固定人群开展固定的业务，公司业务具有规律的周期性，公司业务是重的，可以计划的。网络时代的办公随意性增大，移动办公摆脱了固定地点的限制，从以计划性的业务为中心转移到以项目为中心，也就是轻公司。

固定办公室　　　　　固定人群　　　　　固定业务

实体办公

实体办公是固定办公

传统的实体办公，在固定办公室、固定人群开展固定的业务，企业开展业务具有长期性，企业经营相对稳定，企业的对外关系也相对稳定。

固定周期

固定收益

实体办公的固定性

实体企业的慢周期性

业务呈现非常强的规律性，具有固定的营收、固定的经营周期。

传统实体企业刚开张一般都比较困难，通常要经过数月或者数年的积累，等客户和业务稳定了才会有固定的现金流转，企业能够在较长时间保持这种周转，即便企业出了一些问题，衰退也常常有较长的时间。

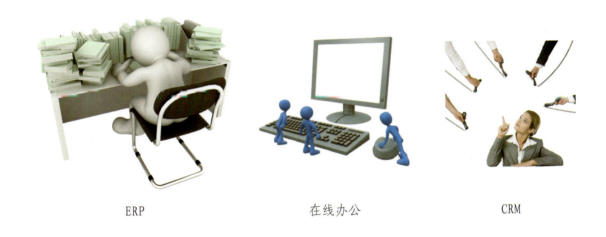

ERP   在线办公   CRM

办公软件

软件工具

    企业办公软件的使用，企业资源计划（ERP）、在线办公、客户关系管理（CRM），办公软件将琐碎的工作转移到软件上，并进一步转移到互联网上，办公软件让人与人之间的协作工具化，提高了工作效率，降低了合作难度。

移动办公

移动驱动办公变革

移动办公，首先是满足不固定位置人员的办公需要，由于位置不固定，就容易出现外来干扰，不固定位置办公的颗粒度要变得小才合理。接着，由于移动让办公可以随时、随地进行，工作的即时性、随机性也在加强，进一步让移动办公干扰变多，办公更加不稳定。

移动办公人员之间合作的粒度减小、频率变高，合作强度降低、精确度增高。

移动办公人员不在一起，更加关注结果交付，过程不是为管理而设的，是为了协作更及时而设的。移动办公是小尺度面向结果的办公，驱动了更紧密的社会分工：从合作到协同。

在线办公：把公司开到网络上

在线的公司

当公司几乎所有的工作都在互联网上开展，固定的实际场地的作用越来越不重要；工作面向结果，人员的固定也变得不重要；工作节奏的灵活性，使得人们更容易看到预设结果存在的问题而做出修正，工作内容的固定性也变得不重要了。

单次的任务量级变轻，工作交互更加频繁。在线的公司挑战了传统公司的根基：人、场地、业务，一切不再是固定的，都快速变化起来。

移动办公是以项目为中心

项目为中心

移动办公摆脱了固定场所的限制，最终，移动办公并不是移动版的传统办公，呈现出几个方面的变化：

以项目而不是公司业务为中心，项目更迭是移动办公的驱动要素，公司的业务或者公司本身的作用越来越小，甚至公司都不是必须的。

公司的边界被打破，公司之间的人员合作越来越多，移动办公不限于公司内部。项目工作中，公司间的合作甚至要多于公司内部，公司内外区别越来越小，甚至没有分别。

公司边界模糊了，顾客、员工的边界也模糊了，投资人、管理者的边界也模糊了……

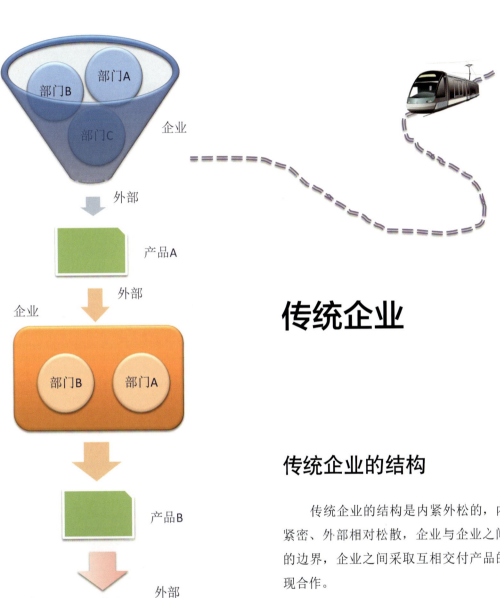

传统企业

传统企业的结构

传统企业的结构是内紧外松的，内部关系紧密、外部相对松散，企业与企业之间有清晰的边界，企业之间采取互相交付产品的形式实现合作。

企业被划分成几个部门，各个部门也是内紧外松的。

总之，传统企业像火车在铁路上跑一样，具有固定的结构、固定的节奏，保持着规律的运行，产品就沿着铁道在各个环节流转。

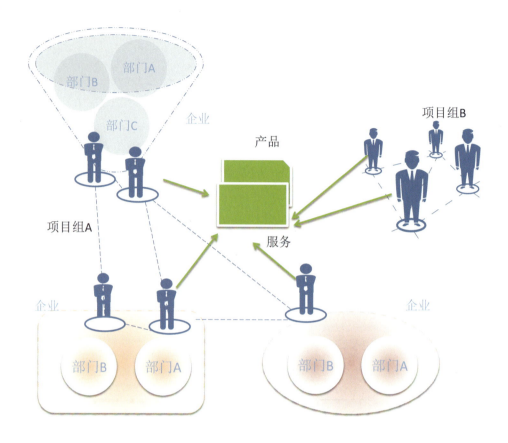

无边界企业

信息化的企业结构

　　信息化的企业关系内紧外松的情况在改变，内部的紧密性在减弱，而外部的紧密性在加强，企业的边界变得不那么清晰，企业员工越来越多的工作是通过外部合作实现的，甚至一群没有固定单位归属的人也参与到工作中。

　　人员以项目来形成组织，如：项目组 A 和项目组 B。项目组织不如传统公司的稳定，适应了互联网快节奏要求。

　　信息化的合作是并行的，一起并行生产产品，当然，产出物更多的是服务。服务是即逝性的，比如饭店聚会，吃完并没有一个叫"饭局"的东西留下。

　　富足的时代，即逝性是制造稀缺的有效办法。

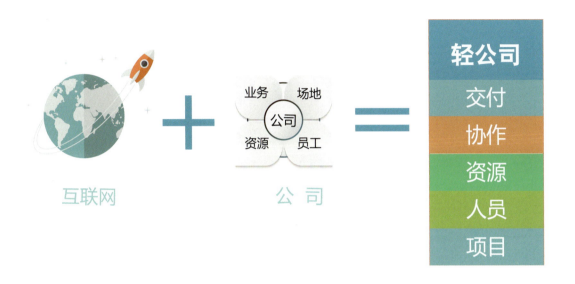

互联网 + 公司 = 轻公司

传统的公司

传统公司用固定的场地、固定的员工、固定的资源开展有计划的（固定）业务。

轻公司

轻公司的场地、员工、资源都变得非常灵活，以项目而不是业务为中心，找到项目发展需要的资源与人力，人与人之间是临时的组织。随着协作过程动态变化，一个项目可能会分拆成多个小项目，项目和小项目不断交付，当然，交付不了需要的结果，就交付失败的结果。

轻公司具有更灵活的适应性，更能够发挥消费力的作用。

第五章

互联网＋，场景

社会结构的变化，也是人类使用空间方式的变化。农业社会是田地覆盖的面空间，工业社会是生产线构成的线空间，互联网将空间拆分成一个一个的连接点，也就是点空间。每一个点是一个场景，位置重构与场景连接构成信息化的社会。

太阳计时的农村　　　　钟表计时的城市

时间空间使用的方式

时空进化

从农村到城市，农业时代进化到工业时代，人们使用时间、空间的方式发生了很大的变化。

农业时代以自然的方式计时，农作物的生长周期以年来计算，空间的使用是以自然地貌为基础的。

工业时代变革了时间、空间的使用方式：从机械钟表到电子钟表，人们计时的精确度大大提高，人们使用时间的精度精确到秒甚至毫秒，城市的空间使用率也比农村大得多，城市规划了街道、社区、红绿灯，提升了有限空间有效的使用率。

从科学技术的角度看，时间、空间使用方法的不同驱动了人类社会的发展。

物理空间：寻找地标　　　　　　　　逻辑空间：位置服务

位置服务

位置与地标

　　人们对空间使用方式的不同，空间可以区别为物理空间和逻辑空间，物理空间可以理解成现实的空间，逻辑空间可以理解成人们使用空间的方式。

　　物理空间是通过寻找地标的方式到达目标，寻找地标；逻辑空间可以通过位置导航的方式到达目标，进行位置引导。

传统商业的入口在流失　　　　　通过位置服务重新获得入口

基于位置的服务

位置与商业入口

　　互联网获取信息更加高效，人们通过互联网相互联络，无论是购物还是交友，人们花在互联网上的时间越来越多，相比较而言，花在线下商店的时间越来越少，大型的商业区的客流日益下降，客户在不断流失。

　　既然人们越来越多地出现在互联网上，那么通过互联网获得原本实体商店的入口也就成为必然，此时，商店还是原来商业区的商店，但顾客不再是闲逛过来的顾客，而是通过网络了解到服务之后专门过来的，商家通过位置服务重新获得用户（顾客）来源。

　　从原本商区商店可以直接招揽客人，到现在需要通过网络服务，尤其是通过位置服务来招揽客人，零散的商业实体的服务入口正在重构。闲逛过来的顾客和通过网络过来的用户具有不一样属性。

劳动场景

位置场景化

位置与场景

　　我们经常听说场景，场景是什么呢？场景是固定的人物在固定的时间、地点上发生一个故事。常见的场景有：一场篮球赛、一回生日聚会、一次会议。从技术角度看，场景是一段时间与空间的有序组织，是时间、空间最小可利用的单元。

　　互联网将时间、空间打碎了之后，场景围绕地标的形式改变为围绕位置的形式。位置通过互联网整合场景，比如一场演唱会可以设置多个分会场，分散在各地的人可以参加同一场辩论会，通过互联网可以让参加会议的人不同时进入，每个人在自己有空的时候才发言，会议可以持续很长时间，通过不同时的形式（异步形式）进行充分讨论，异步形式不要求大家在同一时间参与，这样就可以让每个人有效利用空闲时间，提高时间利用率。

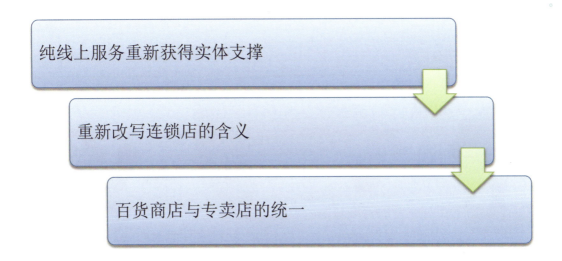

纯线上服务重新获得实体支撑

重新改写连锁店的含义

百货商店与专卖店的统一

服务重构场景

互联网场景构建

场景的重构是服务的需要。线上服务除了信息流缺乏丰富的形式，将线上服务延伸到线下便于服务的丰富化，让线上服务获得线下实体服务的支撑。

互联网反推回来的实体服务，可以通过信息化的方法得到更加有效的组织，比如：不同城市的同学，可以在各自的KTV包厢演唱，然后通过在线服务联系到一起，使其成为一个更大的KTV包厢。

连锁店不再是零散地分散到各地的商店，也不再只是商标品牌的简单统一，比如：利用互联网入口反推的地面酒店。当客户从甲城市到乙城市，入驻的连锁酒店能够把房间布置得跟离开的上一家酒店一样，甚至连拖鞋都放在其出门时的地方。

原来，百货商店是综合性的，专卖店是专门的，百货店的商品品类多，能够满足日常的选择，但深度不够，专卖店对于深度客户具有更好的吸引力，但位置分散，用户到达成本较高。通过线上服务整合的专卖店，可以像百货商店一样获得更多的品类，又可以发挥服务更深度更专业的特点。百货商店与专卖店可以由同一形态的商店来实现。

果园　　　　　　　苹果（产品）　　　　　　　餐厅

深入理解场景

生产消费综合场景

　　农业社会早期，人们摘苹果、吃苹果都发生在果园里，生产与消费是合一的，这是农业时代的现场。

　　农业社会后期以及工业社会时期，种苹果、摘苹果发生在果园里，吃苹果发生在餐厅里，生产与消费是分离的，而从果园到餐厅，就是通过包装的苹果产品来流通的。

　　产品的标准化带来生产与消费的分离，产品能够在生产与消费之间独立存在。

场景服务的三个层次

场景服务的三个层次

使用时考虑场景。使用产品的时候，不要只考虑产品自身，还要考虑一下使用场景。

在场景中使用。场景是现成的，身处一个场景的时候，考虑如何在场景使用产品或者服务。

构建应用场景。场景并不存在，为某种产品或者服务特别构建场景，使得产品与服务能够深入。

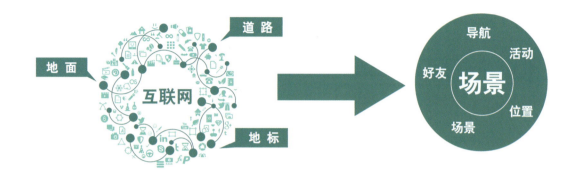

互联网 + 位置 = 场景

位置

传统地图的使用主要有三类：地标、道路、地面。没有电子地图的时候，通过地标、道路来寻找目的地。有了电子地图，可以通过搜索查到目标。

地图的属性提供了位置的支撑。互联网将地标、道路数字化成位置，可以用导航的方式引导到目标。位置与导航是地图互联网化之后寻找地标的新办法。

场景

位置服务还衍生出场景，以体现人物、地点、时间、事件之间的关联性。好友是社交在地图上的映射，活动也是各种社交行为在地图上的体现，数字化之后的地图也可以脱离真实的地理位置开展活动。

第六章

互联网＋，网络金融

金融业是工业的支撑。网络金融不是网络化的金融，是非金融的金融工具，商品交换的前提正在消失，货币面临存废，以数量为特征的传统金融正在让位于以矢量为特征的网络金融。

物物交换

货币交换

银行与金融

交换与通货

　　货币是交换的产物。早期人类采取物与物直接交换的方式，比如用谷物交换食盐。物与物交换需要双方刚好要对方的货物时才能实现，不方便。最后，金银演变成了一般等价物作为物物交换的中介。货币出现了，让物与物交换更加方便。

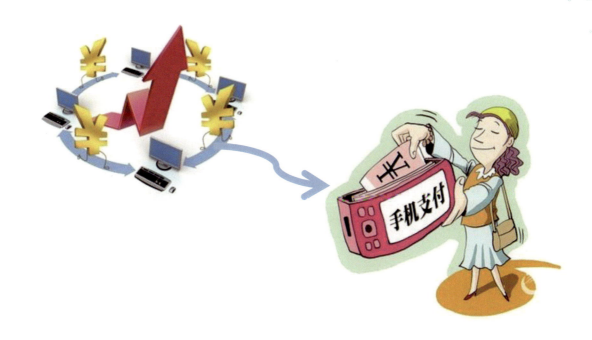

支付形态的变化

货币电子化

货币首先是实物的，比如金银，接着出现纸币，纸币是金银的指代物，是符号化的货币，比携带笨重的金银货币要便捷。

互联网金融手段首先是货币的进一步符号化：电子货币，不只是货币形态的变化、快捷性的提升，还改变了货币的逻辑。

电子支付

电子货币催生了支付业务，支付业务改变了货币的使用方式，货币、纸币对实物的交换是必须同时进行的，电子支付则可以延时进行，电子支付能够承担信用担保的作用。

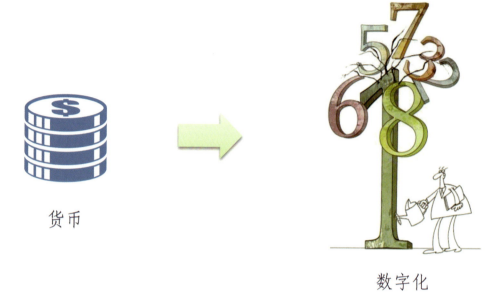

货币

数字化

互联网金融手段

金融市场

电子货币能够将现金支付、存款与贷款一体化，将过去的钱和未来的钱一体化。金融的一级市场、二级市场、三级市场的边界逐渐模糊。

财富数字化

当货币成为财富的象征，人们更容易把财富当成数字而不是背后的物品。

从稀缺的时代到富足的时代，只把实物财富当成数字财富引出的问题越来越多。生产效率越来越高，数字财富非常容易缩水，价值保有成为问题。

人们能够拥有的财富比需要使用的财富多得多的时候，建立在亚当·斯密"经济人"假设基础上的传统经济规则不再有效，人们不再按照性价比来购买产品，囤积、从众也变得更加容易。

银行与金融

信用对付富足性

财富在大幅度增长，如果人们的消费没有同步骤增长，就会出现经济危机：富足危机。2008年以来全球经济危机的时间长度超过了以往任何一次经济危机，是全行业过剩（富足）导致的。

富足危机随着生产力的不断提高必然会发生。缓解富足危机的办法有信用支付，信用通过延迟支付换取未来的需求，增加现实需求。

但寅吃卯粮地消费未来是不可持续的，今年用了明年的需求，明年就会把后年、大后年的需求用完，直到把一辈子的需求用光，再也无法持续。

重回易货？

货币的数字化，互联网的实时性，让物与物的互换能够像货币交换一样便捷，人类会回到易货的时代吗？

银行服务的工具化

互联网金融手段

金融服务的工具化

一般而言，服务比产品友好，比如在饭店享受餐饮服务比买盒饭（产品）要好，但由于金融是中介性的服务，金融服务的工具化是一个重要的方向。

比如信贷服务，原本是要提升营业员的服务质量，在互联网条件下，可以提供电脑或者手机软件的在线服务，以方便用户随时办理存款、贷款业务，营业员服务态度再好也比不上在线工具方便。

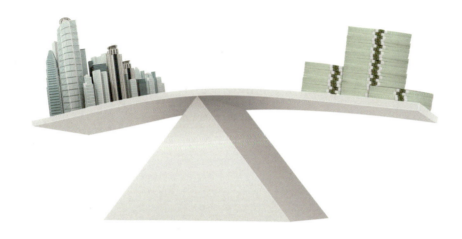

资产证券化

信贷：资产证券化

广义的资产证券化，是利用固定资产盘活现金流的办法，传统借贷是以本息归还为特征的，抵押的贷款最坏的结果就是获得抵押资产（抵押者无法还贷），因此，在富足经济的情况下，信贷更应该从参与资产运营的角度进行，证券化资产是实体资产交换经营权的方式。

资产证券化的启示：一切固定资产都可以采取租赁的方式进行经营理念的转换，让所有权转换为经营权（运营权），将固定资产流动起来。

借款人　　　　　　　　　　　银行

银行借贷

银行借贷

从某种意义上说，货币是法定流通手段，借贷需要通过法定银行，过多的民间借贷会让金融市场失序。

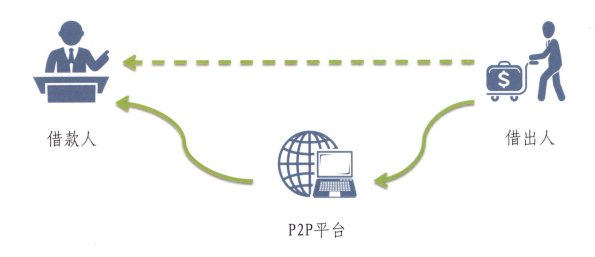

借款人

借出人

P2P平台

P2P 业务

P2P 借贷

民间借贷通常是借款人直接向借出人借钱，直接借钱一般发生在熟人之间，现代社会的人员流动性大，熟人之间借贷有很大的局限性，通过互联网平台撮合借出人与借款人借钱，就是 P2P 借贷（Peer to Peer，个人对个人的对等借贷）。

P2P 借贷绕开银行具有系统性风险，传统金融业本质是政府对经济的调节手段，没有银行背书，金融财富数字是没有意义的。

众筹

当借款人筹钱是为了做项目时，P2P 演化成众筹。当借出人愿意承担借款人的风险，以 P2P 方式成为借款人项目的股东时，就是股权众筹。当借出人是为了获得借款人项目成果时，众筹也可以看成承担了一定风险的预售（预付方式购买），风险在于项目有失败的可能。

当借出人是为了参加借款人的项目时，众筹变成了众包。借出人不仅限于资金，还有资源的投入，更像是合伙人，通常，单纯的股权众筹合理性不足，众筹与众包如影随形。

金融的终结

分发终结交换

　　传统金融业是建立在交换基础上的，互联网不是基于产品的交换，而是基于网络无成本裂变式的分发，网络分发终结了产品交换，互联网进入后金融业时代。因此，互联网金融不是互联网化的金融业，是一种非金融的金融手段。

数量经济到矢量经济

　　传统金融是数量金融。金融是各行各业的统一量化，因此传统的经济和金融是数量经济，研究的是金融业的数量关系。

　　互联网将一切数字化，数字化替代金融成为统一的量化，数字化金融呈现出人际关联性，也就说，在金融时代，1 块钱对于所有人都是一样多，但是互联网金融不一样，1 块钱对于不同人是不一样的，有些网络"钱"只有相对一个具体的人，或者一群具体的人才有效，比如 Q 币，只在 QQ 服务上可以用，而且不同用户兑换服务需要 Q 币数量并不一样，简单地说，在网络金融下，不同人买同一块面包的价格是不同的。

　　互联网金融是矢量金融。数量金融交换双方是对等的，互联网金融双方是不对等、不对称的。

互联网 + 金融 = 网络金融

传统金融

传统金融是数量金融，通过货币流通来实现，个人与银行、企业，可以有互相的货币借贷关系，个人财富体现为资产。

互联网金融

互联网金融是矢量金融，通过信用来实现，个人与个人、组织，通过关联来实现金融关系，个人财富体现为 Rank（等级）。

互联网金融的工具化，生产力服务转变为消费力工具。

第三部分

行业篇

第一章

互联网+　超级 Mall

当前流行的 B2C、C2C 类的电子商务，实际上是比价电商，实现了将传统超市与专卖店转移成网络上的超级 Mall，传统卖场以实物柜台展示直接销售的形式变成线上展示、线下配送，超级 Mall 可以跨越区域配置资源，分众发展优于地域扩张，消除了批发与零售的边界，实现可选择、可定制的销售。

106

专卖店　　　　　　　超 市

超市与专卖店

超市与专卖店的陈列式柜台

不同的专卖店、不同的超市处在不同的位置进行竞争，空间是竞争的阻力。

超市是综合零售店，特点是多、全，能够一次买够所需要的东西；专卖店是专业零售，特点是单品类、细分类别更全，能够买到最专业、最符合的款式。超市与专卖店都采取成列式柜台，但有一些差异：专卖店更偏重展示的充分性，超市更偏重展示的数量。

超市与专卖店的竞争发生在相同的品类之间。

超市、专卖店模式被搬到网络之后，空间不再是阻碍：店与店之间是搜索比价方式的竞争，极端激烈；任何小的零售店都将参与到全国甚至全球的商业竞争，不再只是争抢居住小区的客户。

跨域电商与跨境电商

地域资源重新配置

跨域电商，利用互联网打破空间的特点，将地方特产销往异地，使其由地区性商品变成全国性商品（跨域电商）、全球性商品（跨境电商）。

将全国甚至全球作为服务范围，需要注意：

大品类产品要具有鲜明的地方属性。比如大米、苹果、白酒，虽然到处都有，但一些地区的大米、苹果、白酒具有鲜明的地方特点，东北的大米、山东的苹果、贵州的白酒，要么口感不同，要么已经是地方性历史传承的品牌。地方独有产品，海南的椰子。

具有成本、质量优势。比如广东的制造业，具有规模效应，能够产生出高的性价比。

文化特色。产品本身区别不明显，但具有文化特色和归属性。比如随着海外华人增多，向海外卖国内的产品，无论是食品、酒类还是服装，在包装上、生产上都注重文化特色。

归属感。人们快速在城市间、国家间迁徙，却希望能够享受到故地（故国）的产品。

跨域电商与跨境电商不局限于产品，也可以是服务，比如：呼叫业务，建立跨区域、跨境的呼叫中心，实现服务（劳动力）跨区域、跨境流动。

一句话总结跨境电商：以全球视角进行资源优化配置。

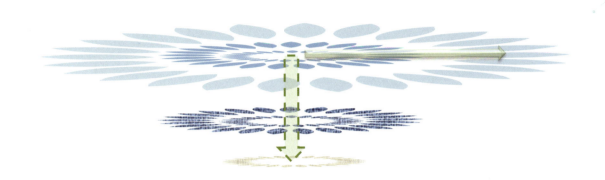

零售业转型

大范围扩张

空间阻力消失后，横向的地域扩展变得迅捷。从跨域到跨境，地方企业要具备全国市场、全球市场的眼光，企业家面对的资源匹配、竞争关系都将是全国性、全球性的。

资源大范围配置

企业家在电商时代，要着眼于更大范围的资源配置的全球观，不能局限于地方企业。

按层次划分顾客

以层次代替地域的区分。网络电商从空间上是全国的甚至全球的，但是，一个固定范围内的顾客要求是不一样的：有消费能力的不同，有习惯的不同，有年龄、性别、身高、爱好等区别，顾客对于同类但档次不同的商品喜好会有较大区别，单单从性价比一个角度做电商，过于粗犷。

可选择 可定制

零售业网络化的特征

可选择

　　用户可以有更好的办法选择到自己需要的产品，不再是通过比价之后面对海量的同质品，像大海捞针一样茫然。零售业转型互联网之后，应该提供更好的选择辅助手段。

可定制

　　以用户需求为导向的定制生产。服装类的量身定制，身高、身形甚至走路姿势等都被考虑在内，用以提供更加符合具体用户需要的产品；生日蛋糕上能够准确写上生日的时间、属相、星座、姓名等信息。

仓储型物流   配送型物流

物流的分类

物流改变

物流可以区分为：仓储型物流、配送型物流。

仓储型物流：没有确定最终消费者而进行的物流，比如超市进货，批发商进货；配送型物流：已经确定最终消费者而进行的物流，比如电商购买之后快递的物流。

配送型物流会针对每个购买者的地理位置，以目的地为目标进行物流整合。

全球性资源重新配置

入口与物流的配合

批发业转型

全国批发市场

　　批发业的转型，是利用互联网打造大统一的全国批发市场，得以优化跨地域的资源再配置。

　　异地批发：异地在线批发在于打通仓储与批发的边界，批发商与在线仓储商不再泾渭分明，加强物流配送与用户入口的整合。

　　渠道转型：产品流通渠道变成信息共享渠道，企业间更多分享信息，而不局限于产品物流，在物流规律不明显的情况下，信息分享有利于资源重新配置。

产品流通变成资源共享支持

　　产品在最终交付消费者（顾客）前，不需要渠道商之间进行无谓的仓储型流动，只需在最终形成配送单时，直接进行配送，企业之间通过资源共享，能够推动配送型物流的形成。

产业项目相互调度

　　在生产能力过剩的情况下，生产能力调度是个很重要的话题，生产商、批发商之间有效共享信息，在新的需求产生时，能够促进闲置生产能力及时发挥作用，既减少了闲置又缩短了新需求满足的时间。

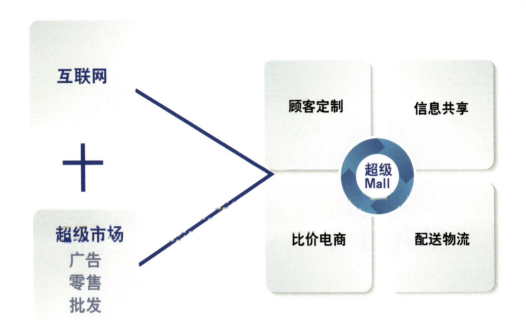

互联网 + 超级市场 = 超级 Mall

传统的超级市场

超市、专卖店通过批发、零售来实现，广告是拉动顾客购买的方式，零售业围绕商业区、居住小区展开。

超级 Mall

超级 Mall 整合了全国大市场，线上比价电商、线下物流快递配合实现，批发商要加强转型成渠道，生产商、渠道商之间加强资源调度，以定制方式更贴合顾客（客户）的需要。

在扁平的商业中，消费力让市场资源重新配置。

第二章

互联网 +，消费电商

　　传统零售依托有阻力的地面店铺以市场竞争的方式展开，现行的电子商务是比价电商，是打破了空间限制的超级 Mall，是难以平衡的商业，未来电商将由消费的场景化带动，以人群为中心展开活动与服务。

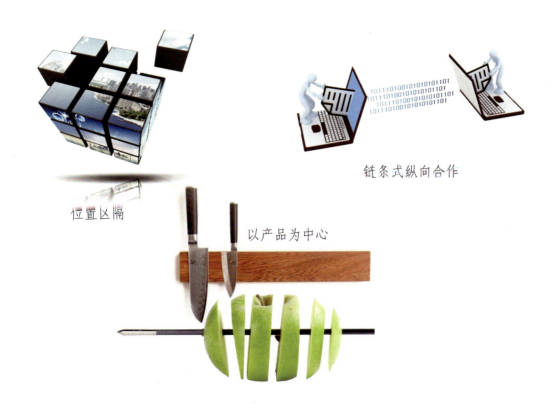

位置区隔

链条式纵向合作

以产品为中心

传统的零售业

基于地理的商业

传统零售业是分布在不同的地理位置上的，按地域区隔开展的服务，零售商店之间看上是充分竞争，其实并不充分，距离远近是影响人们选择的重要因素，从而造成了事实上的不同竞争地位。

传统零售是按链条方式的纵向合作，生产商批发给一级批发商，一级批发商批发给二级批发商，一级级往下批发，直到零售商将商品最后出售给顾客。

批发链条的各个环节都是以产品为中心，考量的是性价比。传统零售业在空间阻力下形成中度竞争。

比价电商

超级 Mall 的极限竞争

超级的超大市场

天猫、京东、淘宝、当当等 B2C、C2C 电商均为比价电商，核心在于比价，比价电商与传统的零售业的业务模式相同，在于产品的性价比。

电商与传统零售业的区别在于，空间距离没有了，人们跨地域购买几乎没有差异（买家感受到的是快递费用和收货时间长短方面的区别，而这两个差别在同城与异地有些区别，但如果都是在不同的城市，差别很小），没有地域差异的电商就像位于同一个超级的超大市场（超级 Mall）。

没有空间约束的竞争会异常激烈，相当于全国范围的超市都毫无阻碍地相互竞争，竞争的激烈程度会让实力稍弱的店铺难以为继。超级 Mall 在没有空间阻隔的情况下形成极端的竞争。

在产品富足的情况下，超级 Mall 模式效果越来越差：买家会陷入无从选择，而卖家则陷入一客难求。

产品（商品）

使用（食用）

购买

服务

互服务

消费的场景化

消费是场景下的使用

后电商时代，用户从关心产品（商品）到关心使用过程（消费过程），以鸡蛋与蛋糕为例，选购鸡蛋与面对餐盘里面的蛋糕，实际上是两个不同的情况。

选购鸡蛋时，我们关心鸡蛋的品质；食用蛋糕时，我们不仅仅关注鸡蛋、面粉的品质，还关心口感，甚至吃得是否方便，是否弄得到处是脏的。

当我们把眼光从产品转移到了使用（消费），一定会考虑：在哪里消费，站在厕所旁，再好的美食也吃不出美味来；什么时候消费，吃饱了之后美食的诱惑就大打折扣了。

消费是需要场景的，同样品质的产品在不同的场景下，会有完全不同的表现。

消费场景可以分成两大类：工具场景、服务场景。工具场景中，用户通过工具实现产品的消费，或者度过一段时光。服务场景中，服务是由别人提供的。一个好的消费场景，体现了人的关爱，能够有效消除孤独感。

单人活动　　　　　　　　双人活动　　　　　　　　多人活动

消费群体

活动与服务

　　单人活动，可以是个人自由的活动，比如小区里慢跑，到了健身中心则是一种有偿的消费；同样，双人活动、多人活动也可以变成有偿消费，比如几个人的郊游可以交给旅行社来组织。

　　消费不仅仅发生在一个人身上，也不仅仅是消费实物，对于消费的衡量，所有的消费都可以用消费时间来衡量（即：消费价值）。

　　人与人之间的活动、社交，从商业角度看，最后都可以与消费关联，进而，群体活动＝群体消费。当然，最后，消费与活动也会融合。

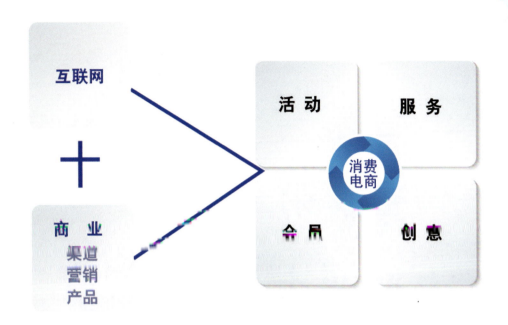

互联网 + 商业 = 消费电商

传统的商业

传统商业要做好三个方面：产品、营销、渠道。做好产品是内功，营销是外貌，渠道是实力。传统商业常常分为产品大于营销、营销大于产品两派：重视做营销的企业能够卖得快，重视做产品的企业能够做得久。

消费电商

消费电商注意力从生产转到消费，产品不再是重点。

用户认同的第一步是创意，满足用户期望的创意，带动用户消费欲望至关重要，消费电商的购买行为比传统商业更偏向于冲动型消费。用户认同的第二步是服务，服务保证用户的消费过程舒适而不是对产品产生好印象。用户认同的第三步是会员，几乎毫无例外，消费电商的用户最终不是要不要成为会员，而是要成为什么样的会员。

活动是消费电商贯穿始终的手段，与营销不同，活动不是为了说服更多用户认可产品，而是让用户体会到服务。

消费电商的改变，消费群体才是商业最核心的部分，消费力直接来自于消费者。

第三章

互联网＋，工业智造

大分工、规模化、产业链等传统工业概念正在过时，3D打印、按需生产改变了先生产、后销售、再消费的顺序，也改变了人们对生产与消费如何区分的认知，智能化技术引领工业制造成为智慧产业，制造变身智造。

大分工与产业链

社会大分工

工业社会是大分工的社会，横向形成的各个行业服务人们方方面面的需要，各个行业，以及各个行业进一步细分的子行业，行业化是工业社会分工的核心形式。

规模化

工业社会是通过规模化实现生产的，分工社会让每一项工作都专业化。工业社会的投资分成两部分：固定投资和流动投资，固定投资是一次性建设生产线时的投资，相对比较昂贵，流动投资是生产一个个产品时的投资，跟生产的数量有关系。无论是固定投资还是流动投资，通常都具有规模效应，也就是生产的数量越多，折合到每一个产品上的成本也就越低。因此，工业追求规模化。

传统工业的困境

大规模生产

商品已经呈现富足，大规模生产会导致产品卖不出去，生产能力过剩。

大众媒体品牌营销

互联网的兴起，大众媒体的报纸、电视受众流失，陷入广告品牌营销传达不到顾客的困境。
信息泛滥，大众淹没在泡沫信息的海洋中，新品牌很难再建立。

大型零售卖场

商品服务，人们越来越追求个性化，大型卖场的量大、价低失去了吸引力。
总之，工业化的慢节奏生产，难以适应信息化的快节奏消费。

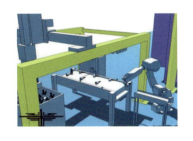

柔性生产线与 3D 打印

自动化生产

自动化的生产线能够在不需要工人的情况下，实现全自动的生产，生产线上需要的工人越来越少。

柔性生产线

传统工业的生产线是固定的，只能生产固定型号的产品，不同型号的产品需要不同的生产线，或者生产线停工调整之后才能生产新的产品。

柔性生产线能够在不调整生产线的情况下生产多种型号的产品，当市场快速变化时，生产线具有更高效率的适配性。

智能化生产

柔性生产线的高级阶段，就是智能化生产，可以根据产品要求，自动地调整生产线，生产出适合的产品。

可定制生产线

可定制生产线走得更远，把生产线的产品设计开放给了顾客或者最终消费者，消费者在家里轻点鼠标，就能决定生产出的产品样式，通过下单进行生产。

可定制生产是订单驱动的，相比之下，传统工厂是计划驱动的，可定制生产可以看作是消费者主动的生产模式，不是厂商主动生产产品的过程，此时，顾客直接操作了工厂的资源。

电子商务驱动制造业变革

生产线的自动化改造，如果不是出于提升效率或者质量的目的，厂商没有动力主动改造。电子商务的发展，用户的需求变化非常快，并且越来越多的个性化乃至定制的需求，来自电商市场上快速的变化需求，驱动着生产线的智能化变革。

产品从小品类大数量，逐渐过渡到多品类，单品少数量的生产模式，直至孤品模式，即每一个顾客得到的产品是唯一的，如印有生日、生肖、名字的生日定制服装。

按需生产

工业互联网：按需生产

按需生产

按照顾客的需要进行生产，按需生产有不同的程度，有的只是简单的搭配，有的则是样式、款式的定做。

全产业竞争

竞争不只是停留在最终消费品领域，也不只是停留在产品的横向比较，而是深入到产业链各个阶段的对比。

利用 3D 打印机制作家居，设计师的设计风格、棉花质地、木材、3D 打印机、布料等原本产业链的上下游，将处在同一个比较空间，按需生产的情况下，原本处在产业链上下游的合作关系，都将产生激烈的竞争性，这种情况称为全产业竞争。

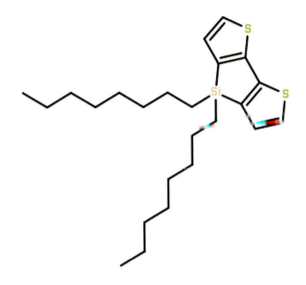

硅基生命

硅基生命

当《变形金刚》中，大黄蜂不断变形像战士一样冲杀的时候，我们并不只是把机器人当作人的一个工具，而是一种生物，甚至，像人一样的智能生物。当人工智能技术越来越好，我们的电子作品会变得跟人一样聪明，我们是硅基生命的创造者。

硅基生命跟碳基生命具有非常多的相似性，当然也有许多区别，硅基生命是设计出来的，并不需要依据进化。更多的，碳基生命能够通过设计的形式进行改造吗？我们可以通过 3D 打印替换掉致残的双腿，甚至可以制造出更大肺活量的人工肺，提高人类运动能力。

互联网 + 制造 = 工业智造

传统制造业

传统制造业，是在生产线上按照分工的方式进行大批量生产的产业，特征是规模化、高效率。

工业智造

工业智造是建立在智能机器上（3D打印机、智能机器人）的一种可定制化、按需生产的形式，需要开放系统的支持，客户、设计师、工程师能够在开放体系内共享信息，实现定制产品的生产。简化版的智造就像家里打印一样，只需要客户自己在智能机器上实现。

从制造到智造，是技术代表的生产力发展，智造技术是隐形的，对消费力起到支撑作用。

第四章

互联网 +，开放乡村

农业生产是以年为单位的慢周期，随着生活水平不断提高，消费的周期变得越来越快，农业生产的慢周期难以满足时尚消费的快周期需要，人们需要更快捷、灵活的选择性，采取消费点前移、实施开放农业策略可以改变农业生产的慢周期，农业科技配合农业电商的发展，重新平衡农业生产与消费。

农业与科技

农业慢周期

传统农业是慢周期的，即便使用了农业机械化、自动化，农业生长本身依然是慢周期的。

农业技术的发展，着眼于作物产量与品质的提升，育种与转基因是近代农业最重要的两种技术。

农业、工业、信息业

社会学意义上看，工业技术实现从 Peasant（农民）到 Famer（农业工人）的转型。

第一步是农业的机械化（工业化），过去几十年国内一直缓慢进行，农民工导致农村空巢现象，制造业反向促进农业的发展机会，在农业上投入工业设备，从耕地拖拉机到喷洒农药的飞机、收割脱粒一体化处理的机器。

农业智能化（信息化）的应用比工业化更有前景，农业采用机械化时，由于农作物形状各异，机械化存在一定障碍，比较柔软的稻谷、小麦、高粱等机械化容易些，在苹果等果木采摘上，机械化就比较难，采用智能机器人是更好的选择。

农业电商

特色农业

特色农业是从农产品生产的角度来考虑的，专注产品的特色。产品的特色一般有几类：品种相关的地方特产、人文相关的文化渊源、加工方式相关的传统美食。互联网对于特色农业的贡献就是利用信息、技术手段强化特色，保证独特的、有品质的生产。

科技还体现在传统工业的改造上，虽然很多人推崇传统工艺，但事实上，传统工艺缺乏科技支持，实际的效果并没有想象的那么好，利用科学技术改造传统工艺才是既保留传统特色又能符合品质要求的方法，比如云南普洱茶生产，就采取了现代科技工艺改造。

品类多样性

为了满足更个性化的农产品需求，需要更多关注地方特色小品类的培养，小品类培养借助大范围资源的配置，促进农产品溢价。技术保证特色与商业的平衡。

电子商务对接

农业电商包装在于两方面：文化与创意。历史文化挖掘、当代文化阐释是文化纵向与横向的两个操作维度。

创意首先体现在产品包装上，农产品不只是解决温饱的，要让包装符合信息时代的轻奢风格，农业也是时尚的、科技的。其次在食用场景设计，要让饮食更加健康、便捷。

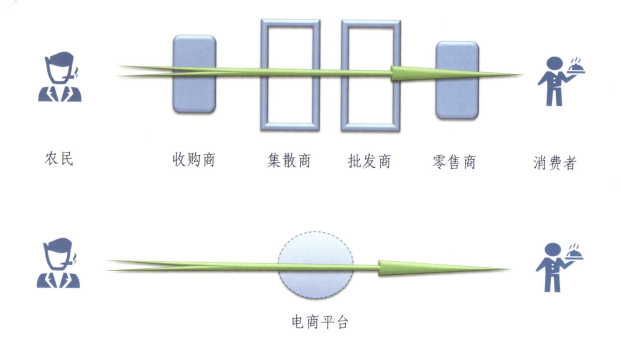

| 农民 | 收购商 | 集散商 | 批发商 | 零售商 | 消费者 |

电商平台

农业电商

短链条扁平农业

　　传统农产品具有六级运作主体：农民、收购商、集散商、批发商、零售商、消费者。

　　采取电商方式，能将六级压缩为二级，电商平台是撮合系统，不进行转手交易，农民通过电商平台直接卖给消费者，流通方式变得非常简洁。

　　电商平台的撮合，还能在一定程度上实现农产品跨地域资源匹配的问题。

开放农业

农业慢周期与消费快周期

即便采取了工业化、信息化的手段，农业依然是慢周期产业，依然无法满足快速变化的消费周期，这也是农业信息化的核心问题。

农业电商减少了流通环节，但农业慢周期的问题并没有彻底解决，需要利用销售点前移来平衡快慢周期的矛盾。

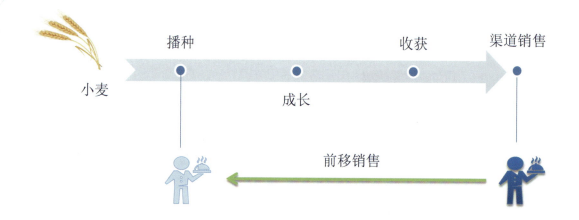

销售点前移

预售？

　　农业成长周期慢，食品消费周期快，矛盾如何解决呢？每次等到粮食收获之后，农产品售卖都是个问题，农产品保存周期短，收获时间集中，很难通过渠道销售本身来有效解决。

　　销售点前移是一个办法，即在农民播种的时候就预先购买而不是等到收获进入销售渠道之后。播种时就购买，可以看成是粮食预售，但如果只是粮食预售，农民会有很大风险，粮食收成并不是固定的，也很难取得稳定的收成，如果波动大，多了依然销售困难，少了，则会无法交付。

土地使用权！

　　销售点前移不是预售粮食，而是卖土地使用权。消费者花钱买的土地使用权，种什么由消费者自己决定，农民按照消费者意愿代理种植，等到收获季节，再代理收割，无论收成多少，都全部送给消费者，此时，农民不是在卖粮食，农民卖的是土地使用权，并出租自己的时间，替消费者种地。

　　销售点前移的方法能够有效平抑农业生长长周期的风险。

旅游农业

　　前移了消费点，如果只是等待收成有点太单调了，前移消费点的农业通过开放的形式，欢迎消费者随时过来看看、观光，也顺便看看农作物长势，甚至参与体验一下劳动。

　　销售点前移、旅游农业首先适合高端农业。

互联网 + 农业 = 开放农业

传统农业

传统农业是利用机械化种田提高粮食产量和质量，最终是卖粮食。

开放农业

开放农业的前奏是农业电商，实现扁平化电商销售，促进区域资源配置。进一步的开放农业，是将农产品买卖转变成土地使用权，农民只是农业服务员，帮助农产品消费者实现土地管理，消费者开放地介入到农业生产中，农业中的各种服务员也开放地参与其中，甚至以旅游的形式产生附加值。

开放农业把生产场地开放给消费者，实现消费力直接驱动生产力。

第五章

互联网＋，智慧城市

人们对自己生活的环境熟视无睹，从村庄到城市，科技不仅是人的延伸，也是环境的延伸，实现从农业社会遵守规律到工业社会遵守规则的转变。智慧城市实现环境的进一步延伸，面向生活的作和服务而不是工作（工业化生产）是城市智慧的真正内涵。

环境延伸

工具是人的延伸

麦克卢汉说"媒介是人的延伸"，扩展一下，工具是人的延伸，不仅仅只限于媒介，一切工具都可以看成人的延伸。

工具是环境的延伸

换一个角度看，工具也是环境的延伸，工具，人造物，是人与外界（环境）的联系者，是互相向对方的延伸。

旱冰鞋是人脚的延伸，汽车呢？当然也可以看成脚的延伸，城市呢？再看成人的延伸就很牵强了，可以看成环境的延伸，是农业社会的村庄在工业社会的延伸。

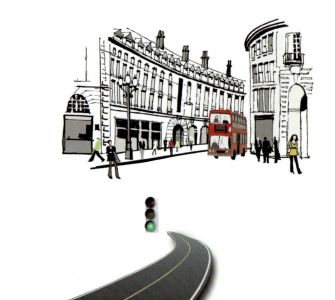

城　市

从遵守规律到规则化

城市是乡村在工业社会的延伸，相比于农村，城市不是一个速度提高了的农村，而是农村的重构。

农业时代，人们重要的是掌握规律、运用规律，24节气是先民利用规律的代表。城市化之后，人们需要有制定规则的能力，代行部分"上帝"的职能，公路、红绿灯以及工作当中各种各样的规范，都是人们为了更高生活水准而制定的规则。

规划城市与保养农村

规则是人制定的，但城市建设不能随意制定规则，而要有规划，人造规则要与自然规律协调一致，毫无节制的煤炭、石油的使用导致雾霾就是缺乏规划的结果。

相比之下，农村在于保养而不在于规划，因为大自然的规律经过亿万年的进化有其内在的一致性，人们要更多地站在尊重规律的角度去发展。

所有的规则与规律，都需要人们有敬畏感，依照生态的角度去思考规划与发展。

智慧生活

智慧生活

　　智慧生活的出发点，就是把环境当作人以及人类社会的延伸，所有的改变以人类的长期生存为出发点。

　　人类不仅需要生存，还需要高质量的生存，人们不能一直停留在远古蒙昧时代，环境应该因人而变。

城区的可识别性

　　大城市的各个城区应该具有明确的信息识别标志，在工作、学习、生活、娱乐各个方面，能够有序引导人群，充分利用城市资源，提高资源的效能。

智慧城市

酒店餐饮业的生活化

随着人们追求个性化生活的发展，餐饮酒店业应该成为家庭向外的延伸，整个城市以及周边资源的一体化，以家庭生活的外延作为立足点，突出生活化、娱乐化。

城市群与城市镜像

城市不再只是为生产效率而存在，城市应该是丰富的生态，城市以满足人的节日性、季节性以及个人喜好的迁徙作为发展依据，城市能够随着个人的要求而改变，城市群的建立是丰富城市的重要方式，城市的镜像则是满足长距离归属感的重要方式，人们能够在一个城市中寻找到异域风情，或者长距离旅行后找到家的感觉。

综合服务

城市体现高品质生活的综合性，城市需要生态化。

互联网 + 城市 = 智慧城市

传统的城市

传统城市满足居住、工作、购物三个方面的需要，且三个方面（三极模式）是相对独立的。

智慧城市

智慧城市满足高品质的生活需要，逐渐变成单极模式，娱乐是重要亮点，并满足改变生活场景的休闲需要。智慧城市因人而变，提供更加个性化的舒适空间。

智慧城市，消费方式改变背后是消费力的变革。

第六章

互联网＋，智能家居

传统认知上，工作在单位、生活在家庭，以手机等智能终端为中心的信息生活，互联网将工作与生活的边界打破，电子商务也打乱了日常的生活规律，智能家居正在重建人们的生活规律，再造客厅场景、厨房场景、卧室场景。

超市

餐厅

工作与生活

工作与生活

工作与生活是有区别的，用一个比喻，工作像超市，生活则像饭店。工作是分门别类展开的，就像超市的货架，同样的东西对比集中地放在货架上。生活是依据使用综合摆放的，就像饭店的餐桌，是搭配着摆放的。超市如果按照饭店摆放，就没有快速挑选的效率，相反，饭店如果按照超市摆放，就没法享受吃饭的过程。

超市摆放的方式是满足查找效率设计的，并不是一个必须的方式，利用信息查询，就是要在饭店的摆放方式下，具有超市一样查找的方便性。

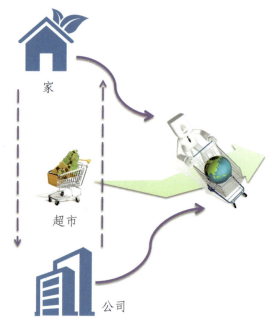

家

超市

公司

电商与家居

电商买东西的偶然性

由于地缘的关联，传统买东西有计划性，电商购买具有偶然性，会随着社交热点起落，各种营销引导进一步冲击了购买习惯。

购买很多不用的东西

电商直接送货上门的方式使得人们更容易为了购买而购买，买了不用的东西会更多，如何为储存而购买是电商需要考虑的，一些不常穿的衣服，出差防止万一的备用雨伞，收藏的便捷甚至比使用还重要。

升级换代

富足的时代，因为缺乏而购买的情况越来越少，许多都是升级要求的购买，买新货是为了淘汰旧货，如何满足购买时升级换代的要求是电商需要考虑的问题。

电商进入需要考虑家居储存的时代。

智能家居

家居场景

家庭不只是储藏室，更多是展示台，客厅卧室更多的面积用来展示，成为生活的实体平台，家居是场景化的：要考虑一年四季、一周忙闲、一天作息的安排。

家居场景过去是靠人收拾出来的，富裕家庭可以通过雇工收拾，既不累又满足不同情况的需要。智能家居机器人将通过技术来实现所有家居依照不同时刻、事件的需要，实现自动收拾。

家居是场景应用重要入口

电商的场景应用发展，一家人一起生活，多人之间的交互、互相帮助，家庭是场景应用天然的入口。

前倾与后仰

场景电商两个大类：前倾方式与后仰方式，亦称主动方式和被动方式。主动方式强调操控感，被动方式强调舒适度。智能家居要考虑对两种场景的支持。

客厅场景

家庭社交

　　围绕家庭的社交有：亲戚社交、好友社交、工作交际。一般认为公共场所，如酒店、酒吧是社交场所，其实家庭也是社交场所，相比于酒店、酒吧，家庭人员保持固定性，能够形成持续性社交，是社交中价值容易留存的部分，以血缘关系连接的家庭社交也比工作、娱乐关系的社交更加稳定。

　　家庭本身是个强社交集体，是比个人更重要的社交入口。

电视购物

客厅场景

电视、电话、购物整合

客厅还是生活购物的地方，尤其是家庭型的消费购物，一家商量着就办了。

以智能电视为中心，客厅是电视、电话、购物、社交的融合。过去，家庭是私密之所，服务都是自己搞定的，未来，随着智能技术的发展，围绕家庭的服务将会非常丰富。

厨房家电

厨房家电

厨房家电的自动化，做饭、炒菜、做面包，等等，不再需要专业的技巧，机器就能够全部搞定。

厨房场景

从厨电到餐饮

    相比于厨房的自动化、智能化，把厨房看作是餐饮场地而不是电器存放地会更有意义，如何在家庭厨房引入服务是厨房场景的突破点。

季节餐饮

    厨房应该适应季节性餐饮喜好的变化，能够在口味、风格甚至做菜方法上进行区别，家庭餐饮不只是吃饱的地方，而是跟高档餐厅一样的餐饮体验场。这些需要智能设备帮助人们提升厨艺。

时尚餐饮

    家庭餐饮也应该能够紧跟流行潮流，进行菜谱、烹调方法的及时更新。而这需要信息化的服务能够渗透入厨房。

开放厨房

    家庭厨房餐饮应该开放，与外面餐厅实现一体化，餐厅里能够吃到的美食，回家也能够接着吃，市场化的餐饮饭店也应该考虑与开放的厨房对接。朋友之间分享美食以及烹饪技巧，将打破家庭厨房的限制。

智能床、床垫

卧室场景

安眠系统

卧室首先是用于睡眠，利用各种科技手段改善睡眠，智能床、床垫的应用，更可根据人的身体状况：疲劳、兴奋、沮丧……适应随时的需要。

按摩椅 外骨骼

卧室场景

健康维护

从按摩椅到外骨骼，人需要休息、休整，卧室按摩椅为人提供更加舒适的休整环境，随着按摩椅包裹性增强，人们将获得智能外骨骼的支持，不仅仅满足体能休整需要，甚至实现体力实时增强，比如爬山服，能够让人如走平地一样登上泰山之巅。

按摩椅不仅帮人恢复体力，也可以帮人恢复脑力，帮助学习，再造一个自己。

互联网 + 家居 = 智能家居

传统家居

　　传统家居是一堆家具的堆积，以电器为例，有厨房电器、家用电器、卫生电器等，与家居相关的无非就是如何买家具。

智能家居

　　智能家居将家庭从家具的堆积转向人们真实的需要，家是生活的地方，家居是一种生活环境的架设，餐厅的饮食功能、客厅的娱乐功能、卧室的休息功能、书房的学习功能，以及围绕家庭的社交服务，进一步回归家庭的本原，智能家居为人们构建更高品质的生活环境。

　　以家居为代表的场景化，让消费力呈现出系统性，而不是单个消费者的闪念。

第四部分

应用篇

第一章

互联网＋，汽车

从汽车销售到汽车服务，从卖车到保养、事故、修理、改装汽车后市场的一体化，拥车到用车的转变，是汽车互联网化的切入点。

品牌广告

汽车销售

事件营销

汽车销售

汽车销售与售后

传统汽车 4S 店是以养促销的，工业社会类似汽车这样高单价的商品上也没有利润了，卖汽车赚的钱不如汽车养护赚的钱多。

养车是非标产品，非标准化、差异化才可能产生利润。

利用互联网销售汽车的办法有两类：品牌广告、事件营销。

品牌广告，顾名思义，广告只适合品牌产品来做，汽车作为高单价产品，适合品牌营销。在媒体影响力日渐分散的情况下，汽车可以保留适度的品牌营销。品牌广告适用于各种媒体、户外广告，以及网络化的各种大屏广告。

事件营销，互联网营销主要就是事件营销，大品牌通过活动可以策划事件，中小品牌只能利用事件，事件包括偶发性的事件，也包括周期性的节假日、纪念日，以及与地理关联的事件等。

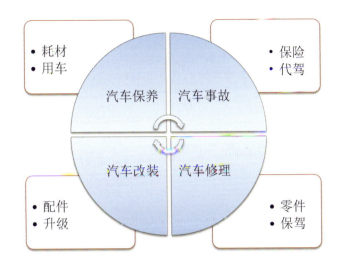

汽车后市场

汽车保养

汽车从产品市场走向消费市场，保养是固定环节，不仅仅是换三滤的问题，还包括汽车皮革、外观、轮胎等的保养。传统保养 4S 昂贵、街边店不放心，利用互联网提升保养服务水平，让街边店通过网络服务得到更高的可信度。

保养是从拥车（拥有车）的角度来看的，如果从使用的角度看，租车等外用方式跟保养结合，保证更加顺畅用车，并促进 P2P 方式用车、城市拼车，都是信息化能够带来便利的方向。

汽车事故

汽车事故一般采取保险方式解决，保险作为低概率事件，很难体现出服务，以骗保形式维修也是保险公司的头疼问题。

保险是为了减少出事故的后果，减少事故本身的方法是预防，代驾是一种预防措施。

汽车修理

汽车修理的零件管理或者汽车病历，便于多次修理时的故障跟踪，也防止零件被冒用。从拥车到用车的转换，修理应该考虑用户的用车问题，修理厂可以采取保驾升级修理服务。合理的方向是利用互联网将保养、修理与事故后期服务一体化。

汽车改装

技术升级速度在提升，汽车标准配置很快会不适用，改装增配市场广阔。汽车的外加配件也会持续升级，汽车改装也将是持续的升级过程。

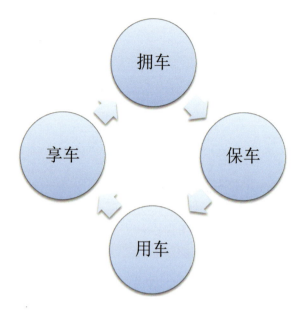

实现车联网

拥车

车辆关联的四种状态，利用车联网更好实现一体化服务。

拥有一辆称心如意的车，由于车辆是高端产品，又不像玉石、钻戒那样可以简单收藏，拥车需要一系列服务来保证，并让车主具有知情权。

保车

保车是拥车的保证，保障拥车，让汽车在保存和使用期间保持良好车况。

用车

拥车的目的是用车，不好用再好的车没有意义，用车要把眼光放到一辆车之外，看到整个汽车使用范围、交际范围。用车还包括驾驶体验，直接自动驾驶技术以及驾驶时的新闻娱乐信息的保障。

享车

乐享其中是用车的更高境界，增配、舒适度是享车的核心，技术飞速的世界，这些不是自己闷在家里就可以很好解决的。

车联网将拥车、保车、用车、享车四种情况集中到一起提供面向消费者的汽车综合服务。

互联网 + 汽车 = 车联网

传统汽车

传统汽车是通过卖车、保险、养车、租车等方式来实现汽车市场。

车联网

车联网更多从用车的角度来考虑，把拥车、用车、保车、享车看作是用车的不同阶段或层次。使用是消费的中心，使用是消费力的重要形式。

第二章

互联网＋，阅读

　　知识在人群间传递，人的智能能够积累，知识成了遗传之外能够实现隔代传递的内容。知识的互联网化，不只是纸质书籍变成了电子版的书籍，还改变了知识生成、知识汲取乃至知识使用的方式，电子的知识将直接承接人的大脑部分功能，人将突破生物脑的限制，变得更加"聪明"，这才是更深层次的变革。

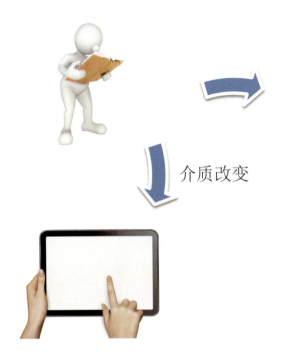

介质改变

知识获取碎片化

获取知识方式的

屏幕与纸张的竞争

电子阅读首先是屏幕与纸张的竞争，这是文字出现之后最大的变革。但是，屏幕不只是阅读介质的区别，也改变了阅读习惯，或者说阅读的目的。

当前，书籍失去的不是纸张，而是整个深度阅读。信息化正碾压一切，深度阅读的方式也会改变。

看法变了

从学直接到致用

读书是为了致用，但读纸书的时候是没法直接致用的，电子阅读不用按照顺序读，可以随心通过互动方式跳着读，在致用上要容易实现。

电子阅读带来的问题是，人们专注力在下降，随着终端种类增加，读也可以变成听，看动画、影片，直到通过电子菜单直接做出可口的饭菜，离学以致用越来越近。

阅读变了，"看"书的人少了，看法也大不同。

出版的根本

出版业是知识整理行业

出版的一个重要价值在于帮助人们学习系统知识，各种互联网方法是否加速出版业的泡沫化，导致其内容本身价值缺失，放大纸质到屏幕的沟壑，与出版的定位及宗旨息息相关。

出版为知识整理服务

出版业的数字化、互联网化，应该更注重知识整理，不仅仅书籍出版是知识整理的过程，阅读也是知识整理过程，互联网＋数字化是出版利器。

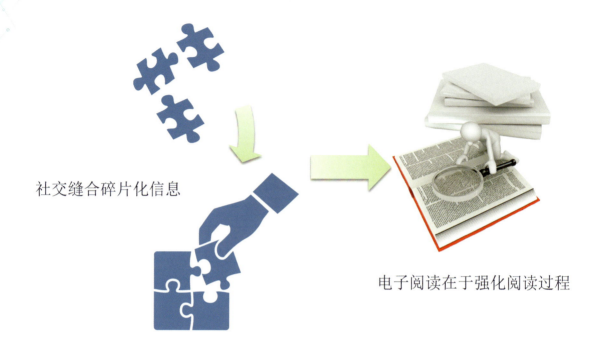

社交缝合碎片化信息

电子阅读在于强化阅读过程

电子阅读进化

社交缝合碎片化信息

随着社交服务的普及，阅读日益碎片化，碎片化是社交的一个负面结果，破坏了普通人对系统知识的获取。此时，解铃还须系铃人，使用社交关系将碎片化缝合也是出路，把深阅读与浅阅读隔离出来，让读者具有相对完整的长阅读场景。

电子阅读在于强化阅读过程

电子阅读不只是提供阅读内容，阅读过程的控制也非常重要，阅读过程如何不受其他信息的侵扰、如何解决阅读过程的知识难点、如何做好知识点延伸都是电子阅读应该考虑的范围。

书！？

图书馆？！

电子阅读进化

书还是图书馆？

　　电子阅读的认知，甚至要回到书的原点上，我们看的是书还是图书馆？电子阅读器具有大容量，存储内容相当于中型的图书馆，读者时时刻刻捧着的是一个电子图书馆，阅读视野不应该只放在一本书上。

作者　　　　　　编者　　　　　　发行者　　　　　　读者

作者　　　　　写作社区　　　　　读者

出版链条

重构出版链条

　　传统的出版业有较长的链条：作者写书，编者编书、校对，发行者负责发行、卖书，最后是读者读书。

　　互联网平台（写作社区）让读者与作者直接相连，作者的书直接发送到读者。

　　在读者、作者关联的情况下，知识传递可能不再以书这么大的单位进行，单个传递的知识粒度会更小，持续的时间会更长久。

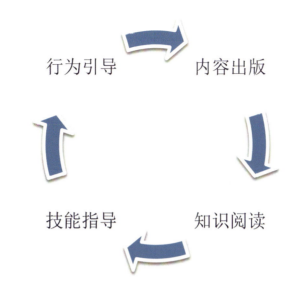

行为引导　　　　内容出版

技能指导　　　　知识阅读

阅读大数据

知识整理

书籍是知识整理，出版过程、阅读过程是知识整理，也产生知识。

大数据业务为内容出版服务，让出版知道哪些方面的知识具有更多的市场需求，满足社会稀缺知识板块的需要。

大数据为知识阅读服务，通过对读者已有知识结构的了解，更好地辅助读者从泛滥的信息海洋中保持有序阅读。

大数据为技能指导服务，根据用户的使用场景，直接指导用户（读者）完成目标任务，比如指导用户做菜。

大数据为行为引导服务，是学以致用的高级阶段，直接为用户（读者）决定如何完成任务，甚至替代用户直接完成任务。

大数据机制将直接成为人的外脑，成为人类大脑的一部分，人们可以将大数据将和记忆混杂在一起使用，人类跨越了生物进化，拥有了更加"聪明"的大脑。

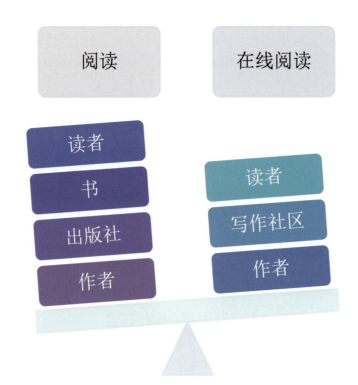

互联网 + 阅读 = 在线阅读

传统阅读

传统阅读由作者与出版社推出书，读者买书读书，书的整体是作者与读者交换知识的单位。

在线阅读

在线阅读缩短了读者与作者的距离，作者读者通过写作社区面对面，知识传递的即时性与交互性有了很大改善。

离读者更近，离读者学以致用更近，消费力就能够爆发出来。

最终阅读不再是一个独立的过程，知识不再需要通过阅读的方式存入大脑，通过人机接口，在线知识能够直接被人脑使用，在线知识成为类似记忆的一种体外仿脑服务。

第三章

互联网＋，教育

知识从传承的角度看就是教育，当人脑可以通过在线技术互相协作，教书育人的概念可能也会被动摇，老师可以直接在线帮你直接解决问题而不是教会你。

教育的三个阶段

传统教育

传统的教育主要有两类：学生教育和成人教育。学生教育主要完成基本认知和基本能力，中小学偏重知识、大学偏重能力；成人教育则主要是技能教育和陶冶教育。

互联网时代，重复性工作不需要"人"，创新是对人的基本要求，知识更新变成了每一天都应该面对的问题。

互联网时代，终生教育变成了每一个人的必须品。

听我讲经昂

书

新师徒时代

师徒时代

古时候是一对一的师傅带徒弟，老师跟学生是相对固定的，老师也知道每个学生的资质及学习的程度，老师可以因人施教。

教科书时代

有了知识独立的教材之后，老师带着一群学生，或者学生自学。此时，知识是独立的，学生们学习的是相同的知识，老师通常因材施教。

新师徒时代

互联网的师傅带徒弟时代，由互联网工具辅助的，让人感觉到师傅带徒弟是一对一的，能够重新做到因人施教。

知识协作时代

人脑通过互联网能够随时连接在一起，教书育人变得不再迫切，有问题并不用老师指导，老师通过脑与脑直接在线连接直接帮学生解决了问题。

学习社群化

工作、学习、生活、娱乐将是不分家的，人们在社区中，通过综合的方式获得知识、能力的提升。

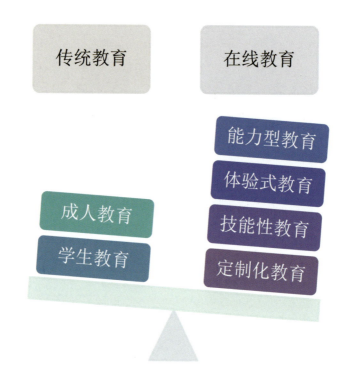

互联网 + 教育 = 在线教育

传统教育

传统教育区分为学生教育、成人教育。不同的教育形式有较大的区别。

在线教育

在线教育可以实现教育中的大多数，能力型教育、体验式教育、技能性教育，但不完全适合认知教育（学生教育），认知教育需要人的关怀，抛开人存在一定的问题。在线教育还可以有一种特殊的形式：定制教育，根据个人的需要，对老师、教材进行定制。在线教育也是终生教育。

传统教育的中心在老师，在线教育的中心在学生，通过学以致用产生知识消费力。

第四章

互联网＋，银行

工业纵向产业链和横向的行业构成矩阵型结构，银行业起到托起矩阵的作用，随着制造向智造发展，工业的矩阵结构被冲散，银行以存、贷为核心的业务模式很难获得稳定收益，业务中心从资金运作转向金融工具运作。

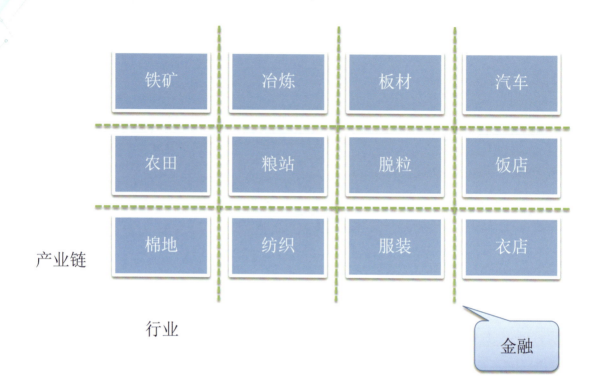

工业矩阵瓦解（1）

传统的工业矩阵

传统工业是矩阵状的，由横向划分的行业与纵向划分的产业链构成矩阵，图中，绿色线条是金融，是行业与产业链的融合者。

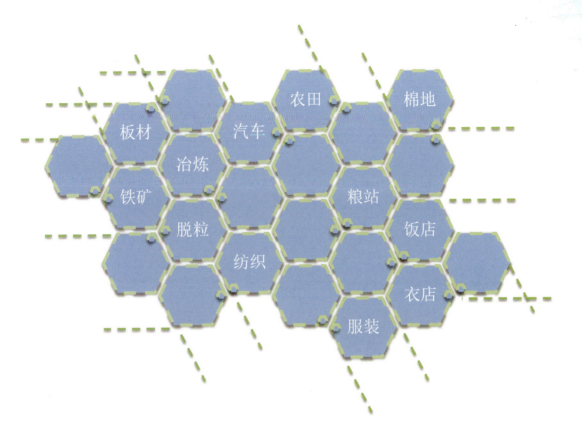

工业矩阵瓦解（2）

互联网打破了矩阵结构

互联网的快速变化，各个行业、产业链的边界被冲散，每个企业被分割到飘动的碎片中，变得完全松散，金融的规则也遭破坏。

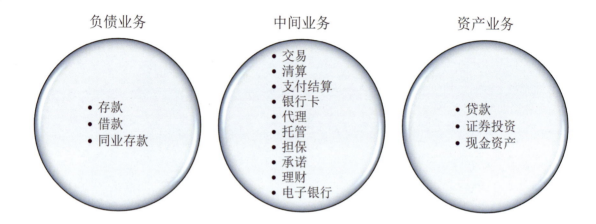

负债业务	中间业务	资产业务
• 存款 • 借款 • 同业存款	• 交易 • 清算 • 支付结算 • 银行卡 • 代理 • 托管 • 担保 • 承诺 • 理财 • 电子银行	• 贷款 • 证券投资 • 现金资产

银行业务的类别

银行业务的分类

银行业的三类业务：负债业务、资产业务、中间业务。

富足社会，成熟行业已经没有利润空间，利润仅存在于高风险的新兴行业中，收益形式两级分化：要么高风险高收益，要么没风险没收益，银行业要求的低风险低收益空间日渐减少，银行业负债业务、资产业务运作风险越来越高，收益能力不足。

银行业的未来是加大中间业务开发，将资金运作变成金融工具运作。

度量类	• 业务证券 • 资产证券 • 人力证券
流动类	• 理财 • 担保 • 代理 • 支付

金融工具化

度量类工具

业务证券提供业务度量，将复杂的业务关系进行量化，便于外部资产、资源的合理介入。

资产证券提供资产度量，资产量化之后可以分割交易，促进资产的流动。

人力证券提供人才度量，单个人才度量与团队人才的度量，便于人力资源的流动。

流动类工具

理财工具，便于用户自助式理财。

担保工具，用户、单位之间拆借担保。

代理工具，用户、单位之间金融业务代理运作。

支付工具，现金支付工具，现金支付管理。

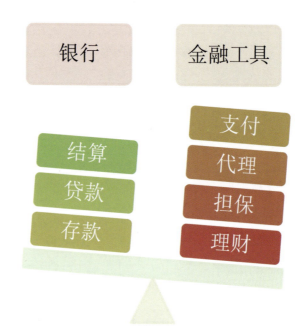

互联网 + 银行 = 金融工具

传统银行

传统商业银行的核心业务是存款、贷款与结算，是现金业务的低成本运作。

金融工具

网络银行服务未来将工具化，提供理财、担保、代理、支付类在线工具。

第五章

互联网＋，通信

　　传统通信的核心是电话话音业务，随着数据业务的发展，话音业务逐渐演化成数据业务之上的业务，即 OTT（Over The Top），话音也只是众多 OTT 服务的一种，IP 电话、语音留言、视频通话等业务形式也多种多样，要适应话音服务的多样性要求，电信运营商应该将电信开放，做好数据支撑，让第三方在数据支撑上开放更符合需要的话音业务。

增值业务

电话

数据业务

电信业务

电信基础业务与增值业务

从电话到增值业务，电信业务开始多元化。电信增值业务有短信、彩信、WAP、音乐等，这些业务都是运营商提供的专门服务，第三方并不能改变业务的形式，并设有专门的平台进行服务。

电信的进一步发展就是开放的数据业务，电信只提供2G、3G、4G的数据连接，具体服务可以由第三方服务公司提供，不再参与到业务运营中。

网络电话

微信

网络电视

OTT 服务

OTT（Over The Top）

第三方通过数据网络提供服务被称为 OTT 服务，例如：网络电话（IP 电话）、微信、网络电视（IPTV），服务已经超出了传统通信的概念，是一种泛通信的概念。

OTT 业务打破了电信运营商业务之间的专门性门槛，是建立在统一的数据服务基础上的，结合了文字、图片、语音、视频多媒体的综合服务。

现在智能手机上的各类 APP 都是建立在电信数据之上的服务，都是 OTT 服务，跟彩信之类的相比，每一种 APP 服务都相当于多了一种新的电信增值服务，电信运营商管道化。

通信
- 话音
- 短信
- 彩信

OTT服务
- VoIP
- 文本
- 图片
- 视频

数据与业务

数据业务支撑

OTT 业务是建立在运营商数据业务之上的，是鱼和水的关系，但是，由于运营商与 OTT 服务商定位的不确定性，一些情况下也会产生比较直接的竞争。

比如：OTT 即时通信冲击商业电信的业务，微信对短信的冲击，网络电话对电话的冲击。造成这种问题主要在于运营商对新电信业务缺乏创新，难以找到与微信等业务的结合点，从而被动地成了冲击对象。

换一个角度，OTT 业务是建立在电信数据业务基础上的，应该形成互相支撑。运营商不应该将通信变成一种固定的业务，更多考虑把通信变成一种支撑能力，实现与 OTT 业务一起繁荣。

智能管道

通信变成支撑能力，不是简单地将电信业务倭化成数据管道。将管道智能化，保证各类 OTT 业务自身灵活度的前提下，对不同类别的 OTT 业务具有不同的能力优化，如即时性优化、可靠性优化。

终端能力

电信网络是能力网络，要把位置、视频接入等作为能力，更多拓展数据网络的不同能力，对 OTT 形成全方位的支撑。

虚拟企业

工业企业

传统实体企业由厂房、道路、人员、资源构成，人在实体世界里开展各种业务。

虚拟企业

虚拟企业是企业信息化之后，在互联网上开展的企业活动，人们关心的是数据、网络、连接，可以把网络看成实体运作的工具，但实际上，网络资源已经代替了很多实体的资源，比如办公室，通过互联网很多中小公司可以实现在家办公模式，并不需要办公室，个人与公司的资料管理都搬迁到了互联网上，让人感觉整个公司就是数字化的，这是为什么称为虚拟企业的原因。

随着信息化的输入，所有的企业都应该考虑各自企业虚拟化的路径。

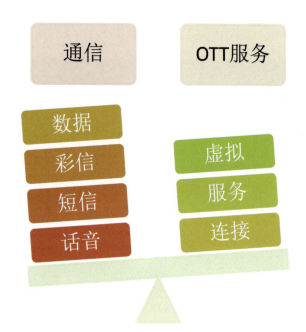

互联网 + 通信 =OTT 服务

传统电信

传统电信是电信运营商设定一些专门的服务，话音、短信、彩信，数据业务是一种基础业务，开放的资源构成互联网的基础。

OTT 服务

OTT 服务建立在运营商数据业务之上，由于数据业务的开放性，现在越来越多的电信数据通道也在运营商之外，比如家庭、单位安装的无线路由器，甚至一些小区、大公司自己架设光纤通信网络，都可以与电信运营商的数据服务（互联网服务）连接到一起。

OTT 服务在数据服务商建立连接，连接之上推出各类服务，丰富的服务可以将企业、个人进行虚拟化，提供网络化的生活。

广义地看，OTT 服务包含了所有的互联网服务。

OTT 把消费者看不到的生产力（比如技术与资源）变成支撑力量。消费力直接驱动 OTT 服务商。

第六章

互联网＋，媒体

　　电视媒体正在遭遇互联网新媒体的冲击，社交时代，用户制造内容导致信息的泡沫化，有价值的内容被淹没，电视由编委会决定的集中式媒体模式走向由社交决定的开放媒体模式，媒体价值决定由大法官转向大众陪审团，记录流行、推动流行到制造流行，电视以节目为中心取代以频道或者电视台为中心，实现场景化播出。

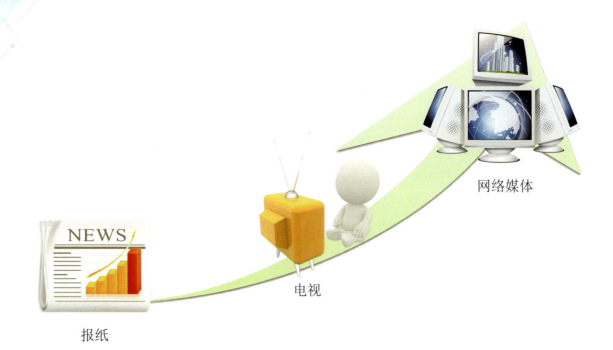

网络媒体

电视

报纸

社交时代的电视

从报纸、电视到网络的媒体演化

　　媒体发展经过了报纸杂志、电视、互联网三个时代，随着媒介的变革，媒体的形态也在发生变化，电视与报纸的区别非常明显，互联网与电视的区别也非常明显。

屏幕后面是谁？

用户制造"泡沫"

以用户为中心

媒介的社会学变革

网络媒体不只是媒介的变革，社会学意义上人的主体地位变化更重要。网络服务不再困惑于屏幕后方是狗还是人，而且还知道每一个上网的具体是哪条狗、哪个人。

每个人都在为网络创造信息，UGC（User Genertated Content 用户制造内容）时代开启，信息开始泡沫化。

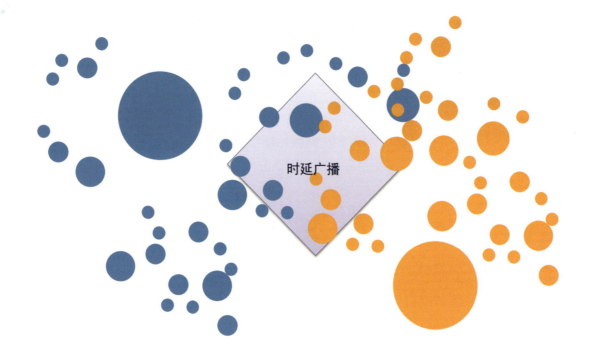

时延广播

时延广播

社交网络上的媒体是时延广播，从一个时间段的角度重新定义了"同时"的广播。

孤立的点是社交网络的点，从信息传递角度看，消息是先后参差不齐地到达各个点，如果扩大到一个时间段，那么，就变成了在一段时间内的覆盖传达。从一天的整个时间段来看，通过电视获得的新闻与通过互联网点播获的新闻，并没有什么本质区别。

独立大法官

大众陪审团

大法官到陪审团

媒体社会学变革

　　媒体形态的变化主要也是体现在社会学意义上，按照传播学对媒体的定义，媒体是有看门人的公共传播，现在看门人的角色发生了变化，以前看门人都是大媒体的编委会、主编们，现在变成了社交媒体上的大众，当然，大众也不是完全平权，有影响力的人贡献更大一些。一个典型的比喻就是：看门人从独立大法官变到了大众陪审团。

　　信息传播不再是由中心独裁决定，而是由大众来参与决定。

记录流行　　　　　　　　推动流行　　　　　　　　制造流行

流行节奏

从记录流行、推动流行到制造流行

　　媒体是流行的制造者，从纸质媒体的记录流行到电视媒体的推动流行再到网络媒体的制造流行，媒体在流行中的作用也有改变，媒体对流行的作用随着技术进步在加强。

电视台   频道   节目

以节目为中心

中心力量变更

电视媒体向互联网发展要经历三个阶段：以台为单位、以频道为单位、以节目为单位。电视台的节目从以台为单位发展到以频道为单位的制作，互联网上，电视节目毫无例外地将以节目为中心。

电视场景化

电视场景化

电视广泛使用，将针对客厅、机场、公交、楼宇等不同的场景进行适应，客厅是家庭社交中心，公交上电视满足快速流动性需要，机场要忽略细节展示，电视拥抱互联网大环境，公共的电视甚至能根据围观的人进行适配性改变。

互联网 + 电视 = 网络节目

传统电视

传统电视的节目与广告合并在一起播出实现商业价值闭环，频道、台是节目的播出载体，广告、节目、频道、电视台业务关系相对稳定。

网络节目

网络电视台，节目与广告合二为一成节目服务，并通过网络社区的方式来运作，网络电视的节目是"活的"，从节目制造到观众，是鲜活的一群人。

从节目到节目服务，消费力凝聚了媒体社区。

第七章

互联网＋，医疗

电子挂号开启医疗的互联网化，更深入的互联网医疗将从关注疾病、关注病人，转向关心健康，身体与精神健康，关心每一个人。

挂号

病历

电子挂号

电子挂号

电子挂号通过电话或者网络实现挂号，解决医疗资源分配问题，直接的现场排队会造成人员拥堵，网络电子挂号先行排号，避免了无谓的等待，也避免了一些时段患者空缺造成的医疗资源浪费。

电子病历

电子病历能够有效跟踪个人病史，看病不再是急病乱投医，可以跟日常养护相结合，也可以方便地找到个人特定医生监护。

健康大数据，一方面是养生的重要工具，记录一个人完整生活习惯，提供养生参考；另一方面也是以病治病的重要方式，借助大数据，新的流行病、疑难病病例能够获得已经出现过的病例的参考信息，有利于提高治疗效果。

医疗社交

关爱社交

    关爱社交是医疗人群或者家属人群的交流方式，是主题型社交，关心的主题明确。病人关爱社交解决治疗和恢复问题，老人关爱社交是解决老年人健康养护的问题。

工作

疗养

疗养与养老

疗养与养老

互联网让医疗能够延伸到医院之外。古语"上医治未病"，利用互联网，采用医疗的态度对待健康问题，处理好工作与休息的关系，在长期工作之后，解决工作与休养的平衡，设置工作态与疗养态（修养态），建立长期健康档案。

医疗资源服务健康人群而不仅仅是病人，看上去扩大使用是一种浪费，但疾病防治减少了进入疾病状态的人，是更加有效的医疗。

互联网 + 医疗 = 健康社区

传统医疗

传统医疗目的是在医院里医生为患者看病，是面向治疗的，重点在于医治，是发生状况后的补救。

健康社区

健康社区把病人的范围拓宽，延伸到家人没有生病的时候，变成了健康的概念，着重在于个人健康的管理，合理分配医疗资源，通过医疗社交拓展人们的健康理念。

医疗也是消费力，应围绕人服务，并延伸到疾病之外。

第八章

互联网＋，地产

    商业地产的办公、娱乐双中心模式逐渐趋于娱乐单中心，工作方式的改变正在削弱办公中心的意义，当城市商业地产由单一中心主导，娱乐地产、休闲地产、生态地产将逐渐兴起。

办公中心

娱乐中心

商业地产

商业地产

商业地产的两大中心功能：办公中心、娱乐中心，这是现代都市最重要的两个方面，常常互为依存，融合在一个大区。

围绕办公中心、娱乐中心，各类百货商店与超级市场竞相开办，满足人流的购物需要，当然还有酒店餐饮等服务业需求。

娱乐地产

商业地产倾向娱乐地产

当办公通过互联网而分散，集中式的办公中心逐渐萎缩，百货商店与专卖店也在萎缩，商业地产向娱乐单极中心演变。

地面集中的楼宇，不再针对人们办公的需要，在家里通过互联网就可以办公了，而娱乐地产是为了生活、娱乐聚会设立的。

休闲地产

休闲地产

商业地产的娱乐单极化，地产不再只追求完全集中的中心方式，分散的休闲地产也在发展，向城郊、中小城市延伸逐渐形成休闲地产带。

休闲地产与商业地产不同，商业地产满足工作日要求，服务设计以日为周期的人流，休闲地产则是以周为周期的，服务于以周为周期迁徙的人流。商业地产向休闲地产转型，要关注人们生活节奏的调整。

生态地产

休闲地产到生态地产

休闲地产是商业地产的补充形态，进一步，地产会朝着生态地产方向发展。生态地产是建立在办公中心完全退化，娱乐中心失去了办公中心支持，人们从以工作为中心转向以健康诉求为中心的地产模式。

小城镇化

大城市满足了工业时代物品快速交换的需要，随着互联网的发展，物品流动不需要再必然形成大的集中形式，个性分散的创意工作更适合在小城镇完成，大城市不再是工作生活的首选，小城镇化成为趋势。互联网将让小城镇的人享受到大城市一样的便利与先进。

农业地产与工业地产一体化

经过信息化改造的农业，不再是落后的象征，而是比城市更具有生命力的自然世界，发挥农村本身的生态特点，将农业地产与工业地产一体化。

全国地理资源的统一调配

利用互联网对地理资源做全局的调配，以兴趣为中心聚集人群。建立全国范围内的不同休闲基地，比如海南的避寒基地，黑龙江的避暑基地等。

地域特色化与全球调配

地方特色越是浓厚，实现全球化调配就越有价值，在个性化要求的时代，没有特色是没有需求的。

互联网 + 地产 = 生态地产

传统地产

传统地产围绕商业地产与住宅地产展开，还有广袤的农村。

生态地产

地产从娱乐地产、休闲地产最后走入生态地产，是因为生态平衡不仅仅是大自然的规律，也是人们生活的规律，地产顺应规律，将助力整个大自然重新回到生态状态。

商业的最终将面向人们的生活，消费力直接驱动商业格局不断演化。

第九章

互联网＋，生活

互联网改变了人们的购物方式，购物买的不只是产品，还将深入改变衣、食、住、行的方方面面，从关注产品到关注服务，提升生活的品质成为重要的诉求。

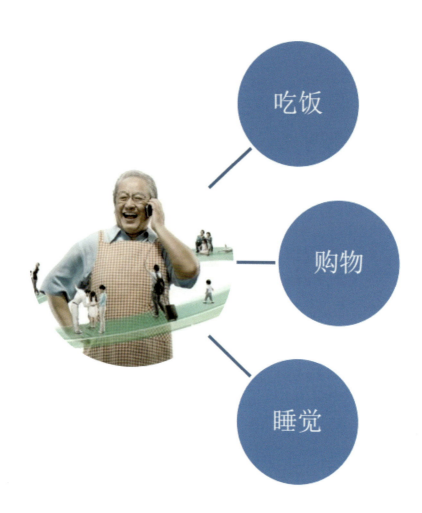

吃饭

购物

睡觉

生活服务三件宝

生活服务

主要指餐饮、商超、酒店，简称吃饭、购物、睡觉。

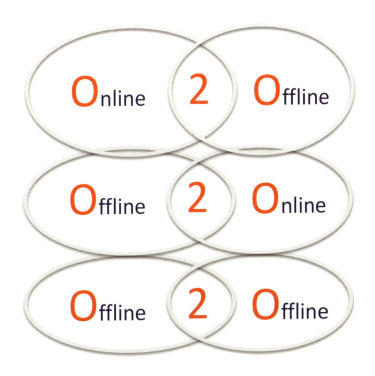

O2O 服务模式

O2O (Online to Offline)

O2O 是生活类服务互联网化的最重要形式，简称为线上到线下。在互联网尤其是社交类服务刚兴起的时候，O2O 是比较有效的一种营销方法。当越来越多的生活品类转移到互联网上进行营销，推广信息变得非常泛滥，O2O 作为营销工具几乎变得毫无用处。

互联网的出发点在于建立连接，人与人之间的连接是信任，信任链条主导下，营销常常是没有效果的。最后 O2O 线上推广最后一个优势——成本优势也不复存在。

O2O 最初的线上到线下效果越来越差，出现了更多的解读版本：Offline to Online：利用线下实体服务将服务延伸到网络上；Offline to Offline：将线下连锁店通过网络打通。

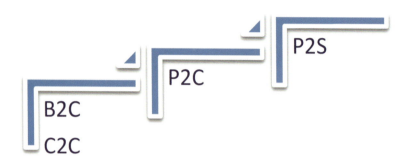

购物模式的发展

购物

购物将从B2C（Business to Customer）、C2C（Customer to Customer）模式逐步转向P2C（Production to Cosumer）模式，P2C模式让所有中介性质的商家Business从购物链条中被排挤出，互联网的穿透力已经容不下任何掮客。

P2C抛弃了所有空间的多余节点，最后，时间优化也将开始，没有用的东西没有人愿意储存。

P2S（Production to Scene），所有的商品应该放在它应该消费的现场。

酒店

酒店本来属于服务业，比较容易做出差异化，但过度竞争导致酒店业的特色很难体现，无论是顾客的计划性住宿还是偶发性住宿，都已经被各种促销打掉了几乎所有的利润。

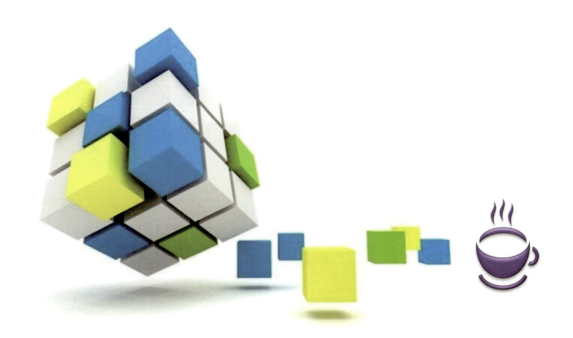

产品服务化

产品转向服务

　　一般性地认为，产品越丰富生活就会越舒适，但在富足的情况下，质优价廉已经不再有动力，要把重点转向适合消费者使用，这依赖于产品的服务化。

　　产品服务化，表现在部署上，就是把超市的杯子、袋装咖啡摆开，像酒店一样进行布置，面向消费者的最后使用构成消费场景。

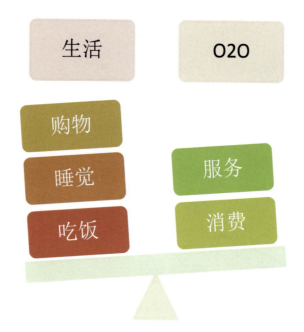

互联网＋生活 =O2O

传统生活

　　传统生活关注三件事儿：吃饭、睡觉、购物，吃饭、睡觉是需要明确场地（场景）的，购物则主要关注产品，但最终无论是服务还是产品，都标准化成了比价的产品。

O2O

　　这个词是外来词，线上、线下的关系，国内已经给赋予了过多的含义。整体上说，目前流行的O2O的核心就是产品如何面向消费，如何将产品变成服务，而线上、线下结合都不过是形式。
　　O2O的本质是服务重构，是消费力解放。

第十章

互联网＋，微商

微商是一个新概念，不同的人理解不一样，这里把它看成是利用微博、微信等社交网络，由个人直接开设的店铺。

微博微商

微信微商

微　店

微店的区分

　　微商可以区分为微博微商和微信微商：微博微商是营销模式的，更多是通过流动客户实现；微信微商是直销模式的，更多是通过固定关系客户实现。

社交商业

社交商业的形式

社交商业的产品销售实现的形式有两种：弱关系销售、强关系销售。弱关系，比如微博，适合做销售，既有联系，又能进一步确认。强关系，比如微信，不适合做销售，销售行为是以产品属性弥补信用的不足，销售行为越多的潜台词是互相信任不够，这是社交强关系没有办法持续做销售的原因。

社交没有生意

社交的目的是为了建立更强的关系，而销售的作用是反向削弱关系，因此社交上是没有生意的。社交关系做商业只能是送，然后把下面的生意转移到第三方。

社交网络长期的倾向是：每个人赚钱是为了别人花。

互联网 + 微商 = 微生活

传统微商

以朋友圈等社交工具卖东西，存在很大的社交悖论，因此，社交应该内容化，去广告、去营销。

微生活

微生活是在社交平台上以生活展示、组织活动的方式获得社交活跃度，不为推广产品，仅为吸引相同的人，如果还能够成就商业，此时第三方电商可以协助完成部分目标。

卖东西不是微生活，带来好体验才是，消费力比生产力重要。

第十一章

互联网＋，娱乐

电影、游戏是娱乐的两种基本形态，有着明显的区别，随着互联网的深入发展，电影、游戏的边界正在打破，从主动与被动、体验与操控两个维度四个属性，将构建出四种新的娱乐形态：电影、游戏、虚拟现实与角色扮演。

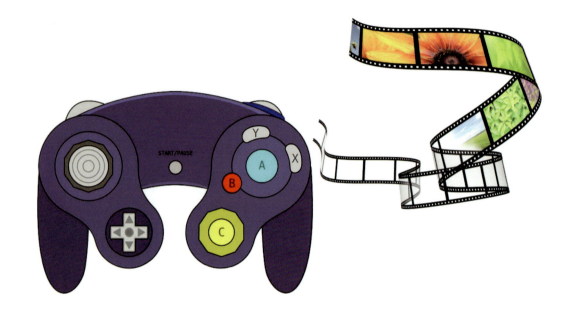

前倾与后仰

前倾与后仰

　　娱乐分两种，前倾娱乐与后仰娱乐。前倾的娱乐是主动的，是由人来主导的娱乐方式，后仰式娱乐是被动的，人尽量减少主导性，增加跟随性的娱乐。前者典型代表的是游戏，后者典型代表的是电影。

　　随着互联网侵入，互动电影、体验游戏开始流行，两者开始互相渗透，两大类型的界限变得模糊。不过，娱乐前倾与后仰的区别并没有消失，将从大品类区分变成情节或者场景上来区分。

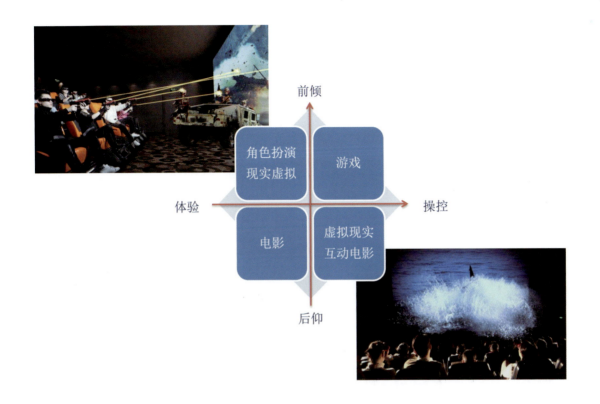

体验与操控

体验与操控

　　娱乐业将在体验与操控两个方向发展。体验是人对外界的感知，操控是人对外界的控制。电影的互动性将向游戏靠近，而游戏业将具有足够的体验。

　　体验与操控是两种倾向，与前倾、后仰组合，一共有四种状态：游戏、电影、虚拟现实（互动电影）、角色扮演（现实虚拟）。

虚拟现实与角色扮演

虚拟现实

虚拟现实将在仅仅眼前甚至不到十厘米以内范围再造一个虚拟的世界，人们可以在最小的空间实现全宇宙的体验。

角色扮演

另一方面，人们也希望成为虚拟世界的一个角色，可以利用最新科技遨游于星际之间，地球只是弹丸之地。

最大与最小以相同的方式存在于我们的时空中，挑战着想象力的边界。

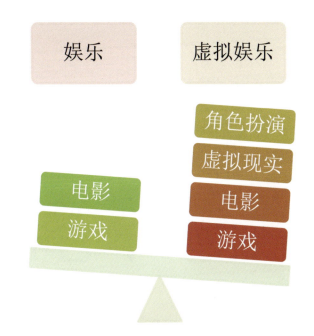

互联网 + 娱乐 = 虚拟娱乐

传统娱乐

传统娱乐业主要就是游戏与电影两大类型。

虚拟娱乐

借助互联网与数码技术，虚拟娱乐延伸出四种状态：游戏、电影、虚拟现实、角色扮演。娱乐形式更加丰富。

虚拟娱乐，让用户绽放更多娱乐消费力。

第十二章

互联网＋，艺术

艺术品可以粗略地分成两类：奢侈品与时尚品，奢侈与时尚是关于时间的两种稀缺属性，奢侈展现持久性，时尚展现即时性，互联网时代，艺术的价值通过收藏来体现。

奢侈品

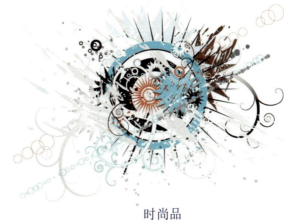

时尚品

奢侈与时尚

奢侈与时尚

　　奢侈与时尚是艺术珍稀性关于时间的两种阐释。奢侈是对时间的忠诚，最能熬住时间煎熬的珍稀。时尚是对时间的背叛，最快颠覆时间瞬变的珍稀。

　　数字信息技术能将奢侈瞬间解构，也能让时尚永恒：轻奢是融合了奢侈与时尚的互联网时代珍稀品。

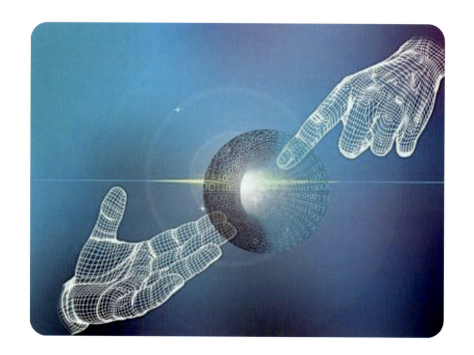

艺术的要义

实体唯一到关联唯一

艺术的要义在于唯一性，无论奢侈品或者时尚品，都在找到一个角度体现出唯一性。奢侈品具有时间角度的唯一，时尚品是空间角度的唯一。

互联网重新定义了唯一性：实体唯一到关联的唯一。传统艺术强调实体的唯一性，数字科技具有无限复制实体的可能性。

钻石完全可以人工合成，而且可以做得跟人们想要的一模一样，实体唯一正在被技术颠覆，从古董到高科技产品，造假已经可以乱真，即便在最严格的鉴定所都难以找到差别，或者说，技术可以完成真实复制。

假可以乱真，我们只能从关联找到唯一，钻石本身无法区别，被谁用过是可以区别的，那么就用钻石被谁用过来重新定义使用的唯一性。

互联网具有可跟踪性，可以跟踪每一个使用者，能让无数个"克隆体"因为缺乏使用者背书而失去实体价值，使得真品价值通过关联得以呈现。

互联网依靠串码来实现唯一，串码用来描述关联性，一切克隆体只有存在于关联中才有价值。

收藏的价值

收藏的价值

技术的角度，所有的东西都可以收藏一份电子版，收藏的价值不在于副本（数字技术下，副本跟原本是无法区别的），而在于收藏的主人跟客观的相关性。

收藏是数字世界的汇聚点。艺术以数字收藏形式而存在，在于制造关联者的时空标签。互联网赋予艺术连接的含义：从谁制造的东西到谁用过的东西。

艺术是一种时间的修炼。

互联网 + 艺术 = 轻奢

传统艺术

传统艺术的两种方式：奢侈品、艺术品，都是通过实体的唯一性来呈现。

轻奢

互联网催生轻奢，实体唯一性无法保证，需要从关联的角度用可跟踪方式体现其使用的唯一性。

第十三章

互联网＋，交通

公共交通是一种资源机制，利用互联网地图技术，可以实现面向个人的定制化交通。

地标

地图

地图与地标

地标与地图

　　工业社会及以前，人们通过地标来识别位置，地图是一种坐标化的数学体系，能够将位置精确量化。

　　地图的出现，开启人类精确使用地理，借助地图，位置成为可以单独使用的单位。

位　置

导航

位置的精确可用，使精确的目标导向成为可能，人们利用导航而不是搜寻方式使用空间。导航方式是的人们能够在更大范围内更自由地活动。

导航不只是单个人应用，也会在群体中应用：聚会。地图导航在聚会中能够起到组织、引导的作用，成为聚会的支撑者。

位置场景化

场景

如果把位置看成一个点，那就是目标，如果把位置看成一个有限的小平面，那就是场景的载体。

公交社交、飞机社交等，移动或者移不动的小地盘，成为社交的场景，广义的社交不是交朋友，是人与人之间的互动关系，包括各类弱关系。

场景交错与延伸

场景随着位置移动不断延伸，也通过人与人之间连接的有无不断延伸，承载了交互行为。

环境

个性化交通

公共交通

公共交通成为城市交通的主流，依赖互联网的发展实现，公众快捷出行是公共交通的目标。

私人定制公共交通

以人为中心的公共交通，发挥公共交通的环保特点，也兼顾私家车的便捷性，个人在公共交通中不是简单地只是遵守规则，应该逐渐占主导地位。私人定制的公共交通是互联网发展的重要方向，简单的定制有：小区班车，主要面对集中居住和集中上班的人群；个人定制班车，公共交通系统按照规定的时间表运行，利用信息化实现交通接驳也是很好的方法。

互联网 + 交通 = 智慧出行

传统交通

传统交通是人或交通工具在地标和道路上的行走或者驾驶。

智慧出行

智慧出行是人们对固定和移动位置的管理与使用，是社交与活动的载体，重在构建移动的生活场景。

第十四章

互联网＋，穿戴

从电脑、手机到穿戴是智能设备使用的进化方向，智能设备日益小型化、移动化，加速整个世界的数字化过程，成为人们感知的延伸。

智能手机

从 PC 到手表

　　PC 电脑，是功能驱动的，系统化的软件功能，由用户主动选择，用户如果专业度高、熟练，能用的很好，如果不熟练，就难以入门。手机是事务驱动，按照时间线来驱动，手机是可视、可感知驱动的，用户可以被动使用，看到、触摸到的尽可能与感知一致。

智能手表是场景驱动

　　手表的主动操作性很弱，应该切入到场景中直接使用，随身场景转换是关键。其他的智能设备也应该是场景驱动的。

　　长远来看，非场景使用的工具都会消失，手机会消失、PC 个人电脑也会消失。手表是时间计划与管理的工具，多人之间同步信息是协同计划的有效方法。平板则是阅读工具。

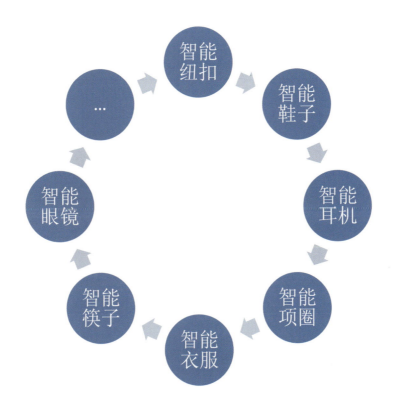

丰富的穿戴设备

更多穿戴想

智能纽扣：能够感知温度，进而自动扣紧或者松开，感知人与前方物体的距离，协助保持合适的社交距离。

智能鞋子：检测步行规律，提供锻炼辅助，自动调节温度，解决汗脚等问题。

智能耳机：自动连接活跃设备，连接到会场，成为基于互联网的千里耳。

智能项圈：能够感知体温，预知潜在疾病、提醒穿衣，动物项圈可以把动物体征翻译成人能理解的语言，甚至成为人狗交流的翻译。

智能衣服：检测风速，自动采集光能为其他设备充电，在靠近危险物品时自动提示避让。

智能筷子：能够检测食品种类、热量，协助控制饮食，保持健康饮食。

智能眼镜：能够自动切换场景，成为基于互联网的千里眼。

互联网 + 穿戴 = 智能穿戴

传统穿戴

传统穿戴是随身的设备，是用具。

智能穿戴

智能穿戴是衍生的器官，是人、组织外延的部分，场景驱动分布式的连接。

第十五章

互联网＋，私募

借贷的形式有两种：银行借款与私人借款，P2P 利用互联网实现了个人点对点借贷，进一步，互联网还可以打破借贷与投资的界限，金融P2P、众筹、众包将衍生出新的金融业务，未来的借贷、投资将越来越倾向于众筹、众包模式。

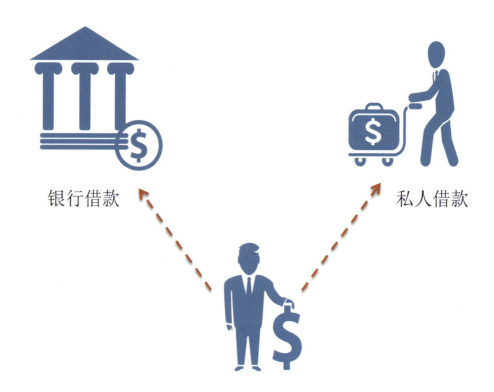

银行借款   私人借款

筹款的办法

筹款的办法

借款，向个人借钱。借贷，向银行借钱。两种业务转移到互联网上，可以看成是 B2C 借贷与 C2C 借贷。

P2P 借款

P2P

个人对个人撮合式借款，网络是平台，是个人对个人借助平台工具的直接借款。

带钱入伙

富足商业情况下，实体投资很难获得量化回报，因此，财务投资成为伪命题，最终，所有的投资应该是资源的整合，即俗称：带资入伙，资不限于指资金，还有资源。

互联网 + 私募 = 众筹

传统私募

传统私募是个人对个人的以利息为目标的民间集资。

众筹

众筹是个人对个人的资本、资源合伙人，希望合伙人能够参与进来，所谓带资入伙。